こどもまちづくりファンド
—ミュンヘンから高知へ

編著
卯月 盛夫
畠中 洋行

執筆協力
高梨 沙帆
土肥 潤也

編集協力
高知市

萌文社

こどもまちづくりファンド

ミュンヘンから高知へ

刊行によせて

高知市長　岡﨑　誠也

　「次世代のリーダーである皆さんは、高知を変えたいという思いを伝えることで、想像以上に大人とか地域に、大きなパワーと元気を与えてくれます。なので、これからもこの地元愛を忘れずに、皆さんの地元である高知県のさらなる発展に繋がることを願っています。」

　この言葉は、令和5年6月18日に開催された、こどもたちの提案をこどもたちが審査し、助成の是非を決定するという全国初の取組である「こうちこどもファンド」の公開審査会の最後に、こども審査員から応募団体のこどもたちに向けられたメッセージです。

　私は、高知のまちを今以上に良くしたいという、シティズンシップを持つこどもたちを育てていきたい。そのこどもたちの活動によって地域の大人たちが心地よく巻き込まれ、地域におけるさまざまな支えあいの場が広がり、こどもたちにやさしいまちを目指したい。そのことによって、すべての世代の人々にとって居心地のいいまちとなり、「持続的に発展できるまち」が実現することを強く信じて、平成24年に全国で初めて、「高知市子どもまちづくり基金助成事業こうちこどもファンド」を立ち上げました。

　立ち上げ以降、全国からの注目を浴びながら、多くのサポーターの力強いご支援や、全国初のこども審査員の皆様の活躍、そして提案者である、こどもたち自身の成長に支えられ、12年目を迎えています。

　冒頭のこども審査員の言葉は、まさに私が「こうちこどもファンド」へ込めた思いが語られた一幕であり、「こうちこどもファンド」を続けてきて本当に良かったと強く思います。

　さらに、もうひとつの取り組みとして、高知市では、平成22年から高知のこどもたちにとって、社会の仕組みを知ってもらうことやこどもたちのコミュニケーションの場、大好きな高知に対する誇りを持てる「きっか

　け」をつくることを目的に、NPO 高知市民会議の皆さんや、多くの民間事業者のボランティアの皆さんなどの幅広い協力を得て、毎年夏休みの2日間限定で現れる架空のまち「とさっ子タウン」事業を開催しています。

　「こうちこどもファンド」、「とさっ子タウン」は、こどもたちが高知市の次世代を担うリーダーに成長するきっかけとなる取り組みで、あくまでもこどもたちが主役であります。

　「こうちこどもファンド」では、こどもたちがプレゼンテーションを行い、こどもたちが助成の是非を自ら審査して、こどもたちが地域活動を自分たちの手で実行します。

　「とさっ子タウン」では、架空のまちの中で、こどもたちが自分で選んだ仕事をし、給料を得て、税金を納めます。タウン内の選挙では、市長や議員も選ばれ、こどもたちの意見や提案で税金の額などのルールが変更され、まちを成長させていきます。

　国内では、「こども基本法」が令和4年6月に成立し、令和5年4月から施行されています。

　この法律は、日本国憲法及び児童の権利に関する条約の精神にのっとり、次代の社会を担うすべてのこどもが、生涯にわたる人格形成の基礎を築き、自立した個人としてひとしく健やかに成長することができ、こどもの心身の状況や置かれている環境などにかかわらず、その権利の擁護が図られ、将来にわたって幸福な生活を送ることができる社会の実現を目的として制定されました。

　この「こども基本法」第3条の基本理念の一つに「全てのこどもについて、その年齢及び発達の程度に応じて、自己に直接関係する全ての事項に関して意見を表明する機会及び多様な社会的活動に参画する機会が確保されること。」と規定されています。

高知市では、「こうちこどもファンド」や「とさっ子タウン」の取り組みを通じて、「こども基本法」の理念を 10 年以上も前から先取りしたものであります。

　また、高知市では、こどもたちに関係する施策に関して、こどもたちが意見を表明する場が必要であると考えており、次のステップとして、「こども審議会」（仮称）の設立に向け準備を始めています。今後、より一層、こどもたちの意見や提案をまちづくりに反映する取り組みを充実させてまいります。

　これまで「こうちこどもファンド」の設立から 12 年の長きに渡り、お世話になっています早稲田大学の卯月盛夫先生、そして、NPO 活動などに尽力いただき、とさっ子タウンの運営や「こうちこどもファンド」の運営に積極的にご尽力いただいているコーディネーターの畠中洋行氏により『こどもまちづくりファンド―ミュンヘンから高知へ』がここに刊行されました。

　全国の自治体の皆様や、まちづくりに携わる方々に「こうちこどもファンド」や「とさっ子タウン」をはじめ、全国で展開されているこどもたちを主体としたまちづくり施策や、それらの取り組みに携わる皆さんの熱意を感じていただき、同じ志を持つ取り組みが全国に広がっていくことを強く願っています。

　サブタイトルの「ミュンヘンから高知へ」が「高知から全国へ、そして世界へ」の流れとなるように、こどもたちの権利が守られ、こどもたちが主体となるまちづくりがさらに発展し、すべての人にやさしいまちが形成されていくことを強く祈念するとともに、この書籍の刊行にご尽力いただいたすべての皆様に深く感謝申し上げます。

はしがき

　2023年4月1日に、「こども基本法」が施行され、「こども家庭庁」が発足しました。背景には、1989年国連で「子どもの権利条約」が採択され、日本も1994年に批准したことが大きいです。しかし、日本は批准までに5年の時間を費やし、なんと世界の中で158番目の批准国でした。批准が遅れた原因の詳細は明らかではありませんが、こどもの権利のひとつとして重要な「こどもの意見表明権」がネックだったようです。「こどもがいつでもどこでも自らの意見や考えを述べること」を権利として認めてしまっては、それまでの学校や家庭の秩序が崩れてしまう、と考えたのかもしれません。今話題になっている「校則に関する子どもの意見表明権」はまさにその一例でしょう。

　また国内法の整備に関する議論が難航したとも言われています。批准国は、条約が規定する子どもたちの権利を実現するために、条約と矛盾する国内法や通達の改正を進めなければなりません。そこで政府は、「現状のままでも条約に抵触しない」という大胆な見解で、ようやく関係省庁の了解を得て批准に至ったようです。

　しかし、そのような曖昧な形で批准したことによって、「国連子どもの権利委員会」からは、「子どもの意見の尊重」に関する取り組みが遅れていることなどに関して、5回の懸念と勧告を受けています。このような状況下で、条約批准後30年という長い時間が経過し、ようやく日本でも「こども基本法」が誕生したことを私たちは真摯に受け止めなければいけません。また、国際NGO「セーブ・ザ・チルドレン」が日本全国3万人を対象に調査（2019年公表）した結果によると、「子どもの権利条約」の内容まで「よく分かっている」と回答した大人（18歳以上）は、なんと2.2%でした。つまり、「こども基本法」ができたからと言ってすぐに学校や社会が大きく変容するわけではありません。法律や条例等の整備と同時に、

私たちに問われているのは、地域の現場においてこどもたちが声を発することができるようにする地道な取り組みです。

　このような背景の中で、ぜひ本書では地域の先進事例を紹介したいと考えました。日本政府がこどもの権利の法的な整備を放棄してきたこの時期に、高知市ではこどもだけが運営する仮想のまち「とさっ子タウン」が2009年に誕生し、すでに14年の実績があります。これは、ミュンヘン市（ドイツ）の「ミニ・ミュンヘン」を参考に構築されたものです。また、こどもが自らの意思でまちづくり活動を提案し、その審査もこども審査員が行い採択されて予算がつくと、その提案をこどもたち自身が実践するという「こうちこどもファンド」も2012年に開始され、すでに12年を迎えています。実はこのファンドも、ミュンヘンの「こども・青少年フォーラム」をモデルに設定されました。そこで、本書ではこどもの権利実現のための先進都市である高知市の取り組みを紹介するとともに、高知市が参考にしてきたドイツのミュンヘン市の取り組みも同時に紹介します。

　高知市とミュンヘン市のこども主体のユニークなまちづくりが、日本各地のこどものまちづくりの参考になれば、望外の幸せです。

早稲田大学教授　卯月　盛夫

目次

Spielstadt Mini-München

ミュンヘン市における
こどもと家族にやさしい
まちづくり

卯月 盛夫

1. ミュンヘン市のこども施策

　ミュンヘン市はドイツの南東の隅にあるバイエルン州の州都です。人口は 149 万人で、ベルリン 368 万人、ハンブルク 185 万人（2021 年）に次ぐ、第 3 の都市です。私はドイツ留学時代にはシュツットガルト市（63 万人）、在外研究ではミュンヘン市に住んでいましたが、両市ともたいへん住みやすいまちというのが実感です。今回はシュツットガルト市の詳細な紹介はしませんが、シュツットガルト市はヨーロッパにおけるこどもにやさしいまち（Child in the city）ネットワークの中心都市として、実はこどもにも大人にも快適な都市環境を実現しています。

　例えば市役所のすべての課に、こども担当の職員が兼務ですが配置され、こどもと対話する際の応対マニュアルやその研修制度があります。また、こどもにやさしい公園コンクール、こどもにやさしい給食コンクール、民間のこども基金のファンドレイジングのためのマラソン大会など、さまざまなユニークな試みをしています。

　さて、ミュンヘン市に話を戻します。観光客もかなり多いまちですが、市民の立場からの住みたいまちとしてもたいへん人気があります。その背景には、ヨーロッパが EU という形で統合されたことの影響もあります。例えばドイツ人が、自分はオランダのアムステルダムで仕事に就きたい、イタリアのローマで仕事をしたいということも可能になり、国境を越えて自由に移動ができるようになりました。そうすると、各国の企業もできるだけよい労働者を集めるために企業の本社をヨーロッパ内で移転することが起きたのです。

　ミュンヘン市は、EU 諸国の都市の中でも本社の誘致に成功しています。その 1 つの理由として、ミュンヘン市が「こどもと家族にやさしいまち」をキャッチフレーズに挙げていることがあります。いい企業を誘致するためには、税金を優遇したり交通至便な場所に土地を確保したりすることなどがよく言われますが、それはもとより、実はそういう会社で働く労働者

の家族やこどもたちが、そのまちに住みたいと思うことがかなり重要視されています。つまり、文化や教育、リクレーションなどの環境によりどの町で楽しく暮らせるかによって、ヨーロッパ各地の人たちは住む都市を選ぶ時代になっているのです（**図Ⅰ-1、2 および図Ⅰ-3**）。

　そういう意味で、ミュンヘンは１つの都市政策として、こどもや青少年、若者の政策を充実することによって、優良企業に来てもらい、それで税収を上げることを、ミュンヘン市長は発言しています。こどもや家族の施策が単にこどもと家族だけにとどまる施策ではなく、都市経営という側面からもきわめて総合的で重要な戦略としての意味を持っていることをまず強調しておきたいと思います。

　またミュンヘン副市長は「都市はそれ自体では、こども、若者、家族に理想的な環境を築くことはできない。こどもや若者が良い方向に成長し、都市への愛着の感覚を得るためには、生活環境において、彼らが自由に動くことができて刺激を得て、スポーツをしたりゲームをしたりして、同時に自分が認められ、学び、発見するニーズが満たされる必要がある」と語り、

図Ⅰ-1　ミュンヘンは
こどもと家族のまち

図Ⅰ-2　ミュンヘンの子どもたちは
参加する

「ミュンヘンでの遊び」という理念を打ち出しました。ミュンヘンの都市づくりを考える意味で、この「遊び」は重要なキーワードになっています。さらに、ミュンヘンのこども施策の実現のために重要な役割が「こどもの参画専門員（Kinderbeauftragte）」の存在です。役割としては、こどもの利益を代表し、「こどもと家族にやさしいまち」の実現のために、さまざまな事業の企画、コーディネート、コントロールを進めています。ポストとしては副市長クラスで、2023年2月までは民間のジャーナリスト出身の女性が担当していました。

　日本の地方都市では、都市内で育ったこどもたちが、大学進学や就職を契機にまちを離れてしまい、流出人口が拡大する傾向があります。そういうこどもたちを流出させない、あるいは一時流出してもふるさとに戻ってくるために、こどもとその家族が日常的にそして成長するすべての段階で、総合的な都市戦略が必要となっています。

図I-3　「こどもには権利がある」のポスター

2.　ミニ・ミュンヘン

　ミニ・ミュンヘンについては、すでに多くの書籍や映像で紹介されているうえ、日本でもミニ・ミュンヘンを参考にした「こどものまち」の事例がすでに 300 近くあると言われているので、紹介は簡単にします。

　1979 年の国際児童年に、ミュンヘン市がさまざまなこども事業を実施している NPO 法人に委託をして行われたのがミニ・ミュンヘンの始まりです。実施後の評判がよかったため、その後不定期に実施されましたが、現在は 2 年に 1 回、夏休み期間の 3 週間にわたってミュンヘンのオリンピック競技場で開催され、2022 年には 21 回目となりました。当初は、夏休みに家族で休暇旅行に行けないこどものために「こどもだけのミニ都市」を考えた企画でした。こどもたちだけでさまざまな職業の体験をして、

図 I-4　ミニ・ミュンヘン会場の施設案内

社会の仕組みを学ぶこのプログラムはきわめて魅力的だったため評判になり、現在はヨーロッパでも 80 都市程度がで実施されています。以下、私が主宰をするミニ・ミュンヘン研究会が制作した DVD『ミニ・ミュンヘン、もうひとつの都市』から少し内容を抜粋して紹介します。

ミニ・ミュンヘンへようこそ！

　ここは 7 歳から 15 歳までのこどもだけが運営する「小さな都市」です（図 I-4）。8 月の夏休み期間 3 週間だけ誕生する仮設都市で、ミュンヘンではすでに 40 年の歴史があります。

　この都市の市民権を得るためには、まず少しだけの仕事と学習が必要で

a.

b.

図I-5　新聞の編集局

a.

b.

図I-6　テレビのスタジオ

す。市民権を得た後は、自由に自分の好きな仕事を見つけて、働くと「ミミュ」というお金がもらえます。時給はすべて5ミミュですが、1ミミュは税金として市に納めます。

　ミミュを持っていると、楽しい映画を見ることも、タクシーに乗ることも、もちろんおいしいお昼ご飯を食べることもできます。

　仕事の種類は「大きな都市」と同じで、コックさん、花屋さん、デザイナー、新聞記者、そして公務員や市長さんもあります（**図Ⅰ-5a.b および 図Ⅰ-6a.b**）。

　ミミュがあまったら銀行に預けたり、土地を買ってお店を経営することもできます。

　この「小さな都市」でこどもは時間を忘れて「遊び」「働き」「学び」ます（**図 Ⅰ-7、8、図Ⅰ-9a.b.c.d、図Ⅰ-10a.b.c.d.e および図Ⅰ-11a.b.c.d** ）。楽しいから毎日来ます。遊ぶことと働くことの違いはまったくありません。

こどもたちが後の人生のためにミニ・ミュンヘンで学ぶこと

—インターネットスタジオ www.pomki.de によるアンケートの結果より—

こんなことを学びます ...

- ... ハローワークでどうしたらいいか。仕事を見つけなければならないこと。
- ... お金を稼ぐには、一生懸命仕事をしなければならないこと。
- ... 仕事を見つけるためには、何かをしなければならないこと。
- ... 職場での態度。
- ... 生活の中でうまくやっていく方法。
- ... お金がいかに速くなくなってしまうかを知る。
- ... いろいろな仕事を知る。
- ... 処罰されないためには、どう振る舞えばよいか。（裁判）
- ... お金は天から降ってこないことを知ることは重要だということ。
- ... 働くことはとても楽しいこと。
- ... 誠実であることの大切さ。
- ... 結婚にはお金がかかるということ。

図Ⅰ-7　ミニ・ミュンヘンで学ぶこと

図I-8　ミニ・ミュンヘンの会場

a.

b.

c.

d.

図I-9　調理場とレストラン

a.

b.

c.

d.

e.

図Ⅰ-10　ミニ・ミュンヘン村での小屋の建設

a.

b.

c.

d.

図Ⅰ-11　都市清掃とゴミ収集

もちろんルールを守らないと警察官に注意をされたり、場合によっては裁判にかけられ、罰金を取られたりします。しかし、そのルールをつくるのも変えるのも、こどもの仕事です。

　このこどもだけの「小さな都市」には、大人の「大きな都市」では失ってしまった重要なことがたくさん詰まっているような気がします。「大人が忘れてしまった重要なこと」をもう一度思い出すために、私たちはこの映像を制作しました。

ミニ・ミュンヘン研究会

ミニ・ミュンヘンを主催する「NPO 法人 文化と遊び空間」の代表ゲルト・

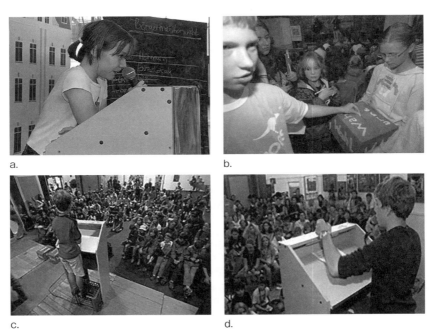

a.

b.

c.

d.

選挙で選ばれるのは市長、6 人の市会議員に複数の部局長。
選んだり、選ばれたりできるのは完全に市民になった人だけです。選挙は週 1 回行われます。

図I-12　ミニ・ミュンヘンの選挙

グリュナイスル氏は、ミニ・ミュンヘンの参加によって、こどもに「自己決定をすること」と「夢を持ち、それを実現すること」を期待していると言っています。両親にも学校の先生にも影響されず、自分で好きな仕事を選び、働く。もし合わなければ次の仕事を探す。もちろん仕事には辛いこともあるが喜びもある。働かないと収入が得られないので、食事もできないし、遊びもできない。そのすべてが自己決定です。仕事の最初は、先輩から教えてもらう。しかし慣れてきたら、お客さんに喜ばれるものを作ったり、売れるための工夫をします。小さいかもしれないが、自分で考えたことを実現できます。

　ミニ・ミュンヘンに来ているこどもたちに「なぜ来るの？」と聞くと、全員が「楽しいから！」そして「明日もまた来たい！」と答えます。こどもが本来持っている「楽しく学ぶ姿」がここにあります（http://www.mini-muenchen-info/）（図Ⅰ-12 a.b.c.d）。

3.　こども・青少年フォーラムの概要

（1）仕組みと提案づくりのプロセス

　次にミュンヘン市で実施されている「こども・青少年フォーラム」を紹介します。ミニ・ミュンヘンと同じ「NPO法人 文化と遊び空間」が実施している事業です。こどもの対象年齢はミニ・ミュンヘンが7〜15歳までで、こども・青少年フォーラムが9〜16歳までとなっていますが、フォーラムの方は全市的な事業と地域ごとの事業があり、年齢はそれほど厳密ではありません。むしろ大きな違いは、ミニ・ミュンヘンはあくまでも仮想都市を対象とするのに対して、フォーラムはミュンヘン市あるいはミュンヘン市のある地域、つまり具体的な現場を対象にしていることです。

　このフォーラムは例年4月と11月の2回ミュンヘン市の市議会議場で開催されており、1985年に初回が実施されたので、2023年11月で78

回目になります。フォーラムの数週間前に、このNPO法人の職員が学校あるいは日本でいう児童館のようなところに声掛けをして、出前授業をするプロセスがあります（**図Ⅰ-13**）。職員は数名で希望する学校やクラス、児童館に行って、フォーラムの場でこどもたちが提案をするための準備のお手伝いをします。対象のこどもたちは小学校4年～中学校3年くらいまでで、もちろんこどもたちの参加は自由です。

　今は年に2回ですが、かつては年に1回や3回と不定期だったようですが、今ではすでに伝統のある事業になっています。

　職員はこどもたちといろいろな話をして、「今、何か困っていることはある？」とか、「学校やミュンヘン市に対して要望したいことがある？」というようなことを聞きます。また、時間があるときにはビデオカメラを持って学校周辺に出ていって、こどもたちがよく遊んでいる公園、通学路

フォーラム実施の2週間ほど前に学校を訪問し、出前授業を行う。
学年は4年生以上で中学生までの年齢を対象としている。

図Ⅰ-13　フォーラム実施前の準備

をいっしょに見ながら、「そういえばここの通学路は危ないんだよ！」というようなこどもの声を聞いて、「じゃあどうなったらいいと思う？」と対話をしながら、こどもたちの目線でこどもの提案を作るお手伝いをすることになります（図Ⅰ-14）。

　提案を作る前には、ビデオやまんがを使いながら、簡単な授業を行います。その際には、「民主主義とはどういうことか」などの授業もあるようです（図Ⅰ-15）。つまり、まちで暮らすこどもたちのいろいろな意見を聞きながら、みんなで話し合いながら、少しでも社会を変えていく。そういう仕組みをきちんと学んだうえで、さらに「子どもの権利条約」について、「こどもにも大人と同じように意見を言ったり活動をしたり、自分たちの提案を大人に話したりする権利があるんだよ」と伝えていきます。ドイツではよく「共同決定」という言葉を使いますが、こどもたちを含めて

時間の余裕がある場合には、学校から外に出て課題を見つける。
例えば住宅地の公園では、防犯パトロールも必要だというこどもの声がよせられた！

図Ⅰ-14　学校の外に出て課題を見つける

共同決定することを学びながら、身近な話題について提案をしていく活動になっています。

（2）フォーラムの現場

　こどもたちはあらかじめ作成した提案をこどもたちの前で発表します（図Ⅰ-16）。会場のこどもたちは、提案のために来るこどももいるし、その友人もいます。興味のあるこどもたちが自由に参加をして、およそ50~60人位はいます。そして、会場のこどもたちが発表を聞いて、「とってもいいよ！」、「とても面白い提案だ！」、「これは実現したらすばらしい！」と思うような企画に関しては、こどもたちの過半数の挙手で採択され、何とミュンヘン市がそれを半年以内に実現しなければいけないことになっているのです。この仕組みがとても面白いと思います。

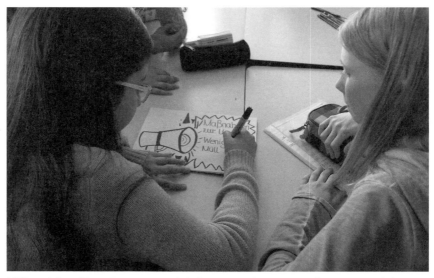

授業は ビデオや漫画を用いながら、民主主義やこどもの権利、一緒に決めていく共同決定の可能性などについて学ぶ。

図Ⅰ-15　授業は漫画やビデオを使って分かりやすく行う

　会場のほとんどにこどもたちが座っています。中央左の方でマイクを
持っているのが、地元のバイエルン放送局のアナウンサーです。バイエル
ン放送局でこどもを対象にした番組があり、こどもたちにとってはとても
なじみのあるアナウンサーです。後ろに座っているのは、運営を手伝って
いるこどもたちで、時計係もいます。左側の 2 列の前列に各党の議員さん
が並び、その後ろに市役所の担当者が並ぶという配置になっています。こ
の写真（**図 I -17**）を撮っているのは傍聴席からで、傍聴席にはこどもた
ちの親などが結構多く来ています。

　こどもの発表後、こども採決の前に、市議会議員と市役所職員からの質
問があります。この質疑応答がけっこう厳しい場合があります。例えば、
こどもがこの公園には犬のフンが多いのできれいにしてほしいと発表した
時に、公園課の職員が、フンは何か所くらいあったか調査しましたか、と

図 I-16　フォーラムの提案発表の準備

27

いうような質問がきます。調査はしていないと回答すると、挙手するこどもが減ってしまうので、芝生の上のフンでこんなに困ったという話をすると、議員さんが「あそこは確かにフンが多いと私も思う」というような発言をすることもあります。一般的には、「これは何人ぐらいのこどもたちが望んでいるの?」、「いつ頃そういうことが起きるの?」という質問が多いと思います。こういう議論がたいへん面白い。

　このような議論を聞いて、最終的にこどもたちが採決をして、過半数で提案の実施が決まります。議員や職員の質問がわかりにくいと、進行役のアナウンサーがこどもにわかりやすく言い換えてくれます。また、質問が長すぎると、進行補佐役のこどもが時計係のこどもにベルを鳴らすように指示をし、「質問はわかりやすく、短く!」と口を挟みます（**図I-18**）。

図I-17　こどもたちが参加するフォーラム

　1回のフォーラムでは10から12ぐらいの提案がされます。発表は、おおよそ5分でしょうか。質疑応答は10〜15分程度です。この提案発表は、1人でもグループでもできます。先述のように、NPOが事前に学校や児童館に行くケースもあれば、もちろん個人1人で、何の事前通告もなしに、当日飛び込みで来るケースもあります。飛び込みはだんだん少なくなっていると事務局の方は言っていましたが、飛び込みでも良いのは面白いです。

（3）具体的な提案内容

　提案は小さなものから大きなものまで幅広くあります。「公園のここが汚い、ここの遊具は古いのでどうにかしてほしい」というような比較的小

図Ⅰ-18　司会の支援も受けながら、みんな一生懸命答える

さなことから、「ミュンヘンの市電をこどもは全部無料にしてほしい」というような市域全域にわたる大きな提案もあります。私が視察に行った時は、ミュンヘンにある住宅にはすべてソーラーパネルを設けるべきだというような、これもきわめて大きな提案がありました。このような提案は仮にこどもたちの支持を得て採択されても、すぐに実現できるわけではないので、6か月ごとに開催されるフォーラムの場で途中経過が報告されることになっています。

やはり多いテーマは、公園や通学路、学校の建物のデザイン、あるいは学校での給食の話など、とにかく日常的にこどもたちが使っている空間に関するものです。したがって、フォーラムに出席するミュンヘン市の職員も、公園課、道路課、学校関係課、こども課などの担当者です（図I

フォーラムには市議会議員と市職員が招待され、議論に参加する。採択された提案については、原則6か月間以内の実現の責任を負う。実施が難しい場合は、次回のフォーラムで説明をする。

図I-19　招待される市議会議員と市職員

-19)。

　写真（**図 I -20**）の 2 人は、「公園の安全性をもっと高めよう！」という提案で、この小さな緑色の紙には、「アルコールや薬物はやめよう」と発表をしています。「もっと明るくしてほしい」とか、「パトロールをもっとみんなでやったらどうか」と言ったことが提案に書かれていました。後ろに円グラフのようなものがありますが、これは提案内容のテーマを示すものです。テーマは大きく 5 つに分かれていて、この発表では「遊び＋余暇時間」のところに矢印がついています。

　1 つ面白い事例を紹介します。通学路の中で自動車がとてもスピードを出す。もう少しスピードを遅くしてもらわないと、こどもたちが横断歩道などで安全に歩けないということで、速度制限をしてほしいという提案が、

1 回のフォーラムでは 10 ～ 12 の提案が発表される。提案発表は、1 人でもグループでも良い。主なテーマは、遊び、スポーツ、リクレーションをはじめ交通モビリティや学校のデザインなど。

図 I-20　こどもたちの提案が発表される

こどもたちに採択されました。実は採択された提案は、当日フォーラムに出席した議員あるいは市職員が実現責任者（ドイツ語では代父または代母）として決められ、実現のためにこどもたちとワークショップを開催したり、関係の大人たちと話し合ったりします（**図Ⅰ-21 および図Ⅰ-22**）。この提案の実現には、警察の役割が重要となりました。警察は、ここは周辺交通環境の関係で速度制限ができないという意見でした。「何でできないの？」ということで、警察とこどもたちが現場で話しました（**図Ⅰ-23**）。

　興味深いのは、最終的に速度規制はできなかったのですが、こどもたちは、「ドライバーのみなさん、こどもたちのために、朝はできるだけゆっくり走ってください！」というプラカードを作って、看板を道路脇に立てました。交通規制をするのではなく、現場にこどもたちのメッセージを出すことで、実際の自動車のスピードダウンが実現したのです。

図Ⅰ-21　質疑応答、議論そして最終的な採決は参加したこどもたち全員で行う

　何でもかんでも市役所や警察などにお願いするというのではなく、「自分たちでできることは自分たちでやる」というこどもたちの姿勢がとても面白く、逆にこどもたちのそういうメッセージがあったからこそ、車を運転するドライバーも、「ここは学校が近いから少し速度を落とさなければいけないんだ」と分かった事例です。

　もう 1 つ注目したい事例を紹介します。隣町に大きな図書館ができるので、いまある地域図書館を閉鎖するという市の計画に対して、こどもは「閉鎖はしないでほしい」と提案をしました。この提案に関しては、もちろん半年では解決しませんでしたが、最終的には市議会で議論のうえ、その地域図書館は存続になったという事例があります。

　このように、こどもが自分たちの意見をまとめて提案するのは比較的楽ですが、その提案を実現するにはさまざまな課題があることも知り、かつ、

市議または市職員は、こどもの代父（母）としてこどもの提案を実現するために、6か月の間、何回も打ち合わせをする。

図 I-22　こどもの提案の実現のための打ち合わせ

図I-23　交通環境について話す警察官

図I-24 こどもたちの提案を実現するために打合せをする公園課職員

実際に現場を変えていくためには、工事を伴ったり、自分たちだけでできないときには地域の団体や高校生、大学生にもお願いすることがあるという、こどもたちのまちづくりに対する提案活動が大人や地域に広がっていくシステムということができます（**図 I-24 および図 I-25**）。

4．こどもの参画の取り組み

（1）シティズンシップ（市民性）の形成

　これまで「ミニ・ミュンヘン」と「こども・青少年フォーラム」を中心に紹介してきましたが、それ以外の事業も含めて、取り組みの経過をまとめます（**表 1**）。

図 I-25　こどもたちは、提案の実現に関して十分な情報を受けるとともに、場合によっては整備にも協力をする。また、高校生や大学生も参加協力することがある。

まず 1979 年は先述したように国際児童年であったことから、ミニ・ミュンヘンがスタートしました。1989 年は国連で「子どもの権利条約」が採択され、「こども・青少年フォラーム」がスタートしました。この時点で、こどもの主体的な活動をする体制として、まずミュンヘン市が方向性を提示し、予算を確保したうえで、こどもを対象にする専門家集団 NPO 法人に委託をします。ドイツでは、「補完性の原理」が普及していて、市民や民間団体でできることは基本的に市民と民間団体に任せるという考え方がベースになっています。したがって、それぞれの民間活動が社会的な認知が進む中で、次第に全額を市が提供するのではなく、企業や個人からの財政的支援（寄付）や人的支援を得るようになっていきます。

　さらに 1997 年には、「こどもの参画専門員」（**図Ⅰ-26**）のポストをミュンヘン市の副市長クラスとして配置すると同時に、25 の地域（市内にはおよそ 6 万人単位の自治分権組織として 25 の市区委員会が組成されている）に、こども施策の推進のためにこども専門員が配置されました。1999 年には、地域におけるこどものフィールド学習や提案づくりを支援

表1　ミュンヘン市におけるこどもの参画に関する取り組み

年	取り組み（実践・政策やコンセプトの変化）
1979	「ミニ・ミュンヘン」の開始 ※主催：Kultur und Spielraum e.V.（日：NPO 法人 文化と遊び空間）
1989	「こども・青少年フォーラム」の開始
1999	「こどもアクショントランク」の開始
2000	「ミュンヘンで遊ぶ」を 10 年間の行政施策のコンセプトとして決定
2001	ミュンヘン市のコンセプト「ミュンヘン－こどものまち」が市議会にて全会一致で採択
2007	こどもと家族にやさしい市としての発展を目指す戦略的目標を「こどもと家族の政策」として明記
2012	市内 25 の地域に青少年専門員が任命される

出典：ミュンヘン市こども参画専門員 Jana Frädrich 作成資料をもとに高梨が作成

するために市と NPO 法人によって「こどもアクショントランク」が作られました。このトランクの中には、地図、ワークシート、カメラ、ビデオカメラ、画用紙、筆記用具、メジャーなどが入っていて、これ 1 つでまちの探索が楽しくなり、貸し出しがされています（**図Ⅰ-27 および図Ⅰ-28**）。

　2000 年になると、それまでの具体的な取り組みを後押しする形として、市議会と市役所が大きく動き出します。これも先述したように、「こどもと家族にやさしいまち」の施策は、単にこどものみを対象にした施策ではなく、都市の経営に大きく影響を与える総合戦略であることが確認されたわけです。さらに 2012 年には、「こども専門員」の他に「青少年専門員」が 25 の市区に配置されました。これは、主に 14、15 歳までを対象にしたこども施策と 20 歳程度までの青少年施策は異なることが明確になったために実施されたものです（**図Ⅰ-29**）。「こども」と「青少年」はきちんと分けて、相談や支援業務、事業内容を整理しなければいけないし、また対話する際に使う言葉もそれぞれ選ばなくてはいけないと、こども参画専

図Ⅰ-26　2023年2月まで、こどもの参画専門員をつとめたヤーナ・フレードリッヒさん

門員のヤーナ・フレードリッヒさんが言っていたことがとても印象的でした。

　これらの経過を見ると、公民連携のパートナーシップを確認することができます。市民やNPO法人などは地道な現場での取り組みを進める一方、議会や市役所はそれを支える条例や仕組みを整備してきています。この両者のハシゴ段を1つひとつ登るような進め方こそが、新しいパートナーシップのあり方と言えるでしょう。

　もう1つは、こどもたちの成長に合わせた施策の展開があることが分かります（**図Ⅰ-30**）。ミニ・ミュンヘンは原則として7～15歳を対象にしていますが、近年は、妹や弟の兄弟参加も増えてきたので、プログラムによっては4歳程度からの参加もOKにしています。それに対して、こども・青少年フォーラムは、原則として9～16歳を対象にしています。対象年齢はミニ・ミュンヘンと一部重なっていますが、仮想都市とリアルな都市と空間は別なので、こどもの関心に応じて、両方を体験することができます。さらに16歳になると、次項でお話するミュンヘン市の自治分権組織である、大人中心の市区委員会の青少年部会への参加が可能になり、18

出典：Infoblatt Kita-Stadtteil-Koffer 2019

**図Ⅰ-27　こどもアクショントランクを利用して
町を探索する様子**

出典：Programm "Soziale Stadt" p38）

図Ⅰ-28　「こどもアクショントランク」

歳になると正式なメンバーになることも可能になります。つまり、こども
は自らの興味とその成長に合わせて、ゆっくりと社会を学びながら、社会
との関係を構築していくことが可能になっています。この成長のプロセス
こそが、こどものシティズンシップ（市民性）を獲得していくことになる
のではないかと思います。

（2）こどもと家族にやさしいまちづくりを支える自治分権制度

　ミュンヘン市には、先述したように「市区委員会」という都市内分権組
織があります。構成員は基本的に選挙権を有する 18 歳以上の市民ですが、

1997 年以降、ミュンヘンの 25 のすべての市区委員会に、ボランティアのこども専門員が置かれている。
また 2012 年からは青少年専門員も任命された。これらのこども・青少年専門員は1つのワーキングチー
ムの中に組織され、情報や意見を交換するために定期的にミーティングを行っている。さらにまたミュン
ヘン市のこども参画専門員（Kinderbeauftragte）との密接な協力のもとに活動をしている。

図Ⅰ-29　こども専門員と青少年専門員の配置

その青少年部会には16歳から入って活動することができます。つまり、こどもが「ミニ・ミュンヘン」や「こども・青少年フォーラム」を経て、シティズンシップを学習体験していく中で、この市区委員会が大人と協働できる最初のステップということができます。

　市区委員会のスタートは戦後間もなくです。二度と社会全体主義や戦争を繰り返さないために、中央集権制度ではなく地域分権をできるだけ進めようという考えから、市町村法が定められました。基本的に人口10万人以上の市町村は、行政と市民の距離をより縮めるために、分権することができると定められています。つまり人口10万人を超えると、行政と市民の密な関係は築きにくくなるということであると思います。

　ミュンヘンではこれまで数回の改定を経て、現在は人口149万人に対して25の都市内分権組織が存在しています。つまり平均すると、人口6万人程度の自治区と言えます。ミュンヘンではその組織を「市区委員会（Bezirksausschuss）」と 呼んでいます。他自治体では呼称が異なりますが、基本的な役割は同じです。

　市区委員会は、本来政治的な自治分権組織であるため、構成員である市区委員は市議会議員選挙と同時に市民の直接選挙で選ばれます。地域での代表制を有する自治組織として位置づけられているため予算も持っていますし、予算執行のために職員もいます。市区委員会は、月に1回の夜間

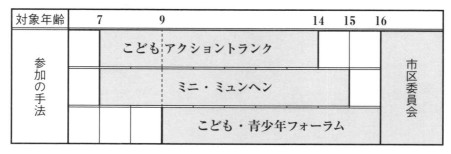

図I-30　こどもの成長に伴う参加手法の展開（高梨作成）

に地域のコミュニティセンターで開催され、議題が事前に掲示板などに広報されるため、関心のある市民は傍聴し、内容によっては質問や提案をすることができます（**図 I -31**）。

　市区委員会で決定した事項は、議会や市長に対して提案することもでき、その場合は 3 か月以内に回答が来る仕組みになっています（**図 I -32**）。もちろん市議会で決定される事項で地域に関係するものについては、地域の意見を広聴する機能もあります。さらに、地域内で解決できる課題については、議論を踏まえて、市区委員会の予算を執行することも可能です。ミュンヘン市では、社会民主党政権が長く続いていることもあって、年々市区委員会の権限を大きくする方向が進んでいます。まさに、ミュンヘンという大都市において行政と市民の距離を縮めるための重要な都市内分権組織があり、その一翼を成長したこども・青少年が担うという仕組みになっているわけです。

図 I -31　市区委員会の様子

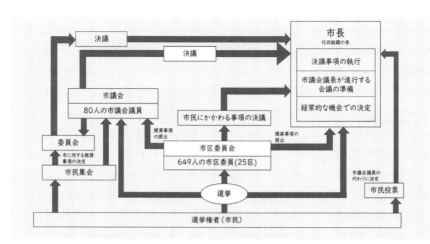

出典：50Jahre Münchener Bezirksaüsschusse 1997 を基に筆者翻訳・作成

図I-32 ミュンヘン市における地方自治の仕組み

第 II 章

ミュンヘン市の
「こども・青少年フォーラム」
提案内容の考察

高梨 沙帆
卯月 盛夫

1. こどもによる提案内容の傾向

　表1は、2012年から2019年に行われた、計16回のフォーラムで採択された160件の提案をテーマごとに分類したものです。

　16回のフォーラムで、「公園・遊び場」については毎回提案が出されています。「交通」、「生活環境」[注1]、「学校」についてはおおむね毎回提案されており、「環境問題」は年により差があります。「移民」についての提案はごく稀です。

表1　2012年から2019年までの提案分類及び提案回数

開催年月日		2012		2013		2014		2015		2016		2017		2018		2019		合計
		5/11	11/16	5/3	11/22	4/23	11/21	4/24	11/13	4/15	11/25	4/28	11/17	4/27	11/23	5/24	11/22	
開催回		55	56	57	58	59	60	61	62	63	64	65	66	67	68	69	70	
テーマ／提案回数	公園・遊び場	4	1	3	3	5	5	3	3	4	3	4	5	4	2	1	2	52
	交通	3	6	1	3	1			2	2	2	7	3	3	5	1	5	46
	生活環境	1	3	2	2	1	1	2	2	2	2	2	3	2		3		28
	学校	1		1	2		1		1	2		1	1	1	1		2	15
	環境問題	1	1	1					1	2	1				2	4	2	15
	移民						1	1	2									4
合計		10	11	8	10	9	9	9	9	10	10	13	12	10	10	10	11	160

（筆者作成）

（1）こどもの生の声

　「公園・遊び場」については、「サッカーゴールの設置」や「低学年以上でも楽しめる遊具の設置」などの遊び場としての魅力向上に関するものや、「公園のゴミ問題」などの公園の環境改善を求める提案があります。第70回では、「公園の安全性を高める」という提案がされ、砂場に危険物があることや、ホームレスが園内で大声を出していることなどが報告されまし

（注1）通学路や日常的によく利用する場所など、公園と学校以外の身の回りの場所に関する提案

た。議論のなかで、こどもたちから「ホームレスを追い出すわけにはいかない」という意見があり、「ホームレスとこども、専門家で対話をしながら解決する」という結論になりました。「公園・遊び場」に関する提案のなかでも、魅力向上や環境改善など、提案の視点は多岐にわたります。

「交通」については、「安全向上のための措置」に関するものや、「こどもにとって利用しやすい公共交通料金」などが提案されています。

「生活環境」については、「ストライキに行かなくて済むように、幼稚園の職員の賃上げ」、「公共空間に禁煙のサイン掲出」、「アパートにおけるゴミの分別方法の工夫」など、自分たちの日常生活をより快適にするための多様な提案が見られます。

「学校」については、「新しい履修コースの設置」などの授業に関するものや、「遊び場の改善」、「運動場の整備」、「ウォーターサーバーの設置」などの施設に関する提案があります。

「環境問題」については、「国内出張時には飛行機の利用を減らし、電車などの代替手段での移動推奨」などの大人に対する提案や、「ゴミ削減のためのキャンペーン実施」、「緑地の増加」などの都市全体に対する提案があります。

「移民」については、「ナイジェリアからきた一家の強制送還の中止」、「移民のこどものために、遊び場や自由時間を過ごせる場所の創出」などの提案があります。1つ目の提案について、最終的に一家は住まいを見つけ、労働許可を得ることができました。提案内容が具体的で、こどもにとって身近な人物などから提案が生まれる傾向があります。

（2）「交通」に関する提案

「交通」は不特定多数の人に関わる分野であるため、ユニバーサルデザインの視点を取り入れることが求められます。こどもだからこそ感じる不便さや危険を改善することは、より安全で利用しやすく、ユニバーサルな交通環境を形成することにつながります。

表2　交通に関する提案の分類

開催年月日		2012		2013		2014		2015		2016		2017		2018		2019		合計
		5/11	11/16	5/3	11/22	4/23	11/21	4/24	11/13	4/15	11/25	4/28	11/17	4/27	11/23	5/24	11/22	
開催回		55	56	57	58	59	60	61	62	63	64	65	66	67	68	69	70	
テーマ／提案回数	歩行者信号・横断歩道	2	2	1	1	1	1		1	1	1	2			1			14
	公共交通		1		1				1		1	2	1	1	2		2	12
	車の速度・ゾーン30		1		1		1			1		2	2			1		9
	身近な道路	1	1											2	2		3	9
	その他車関連		1									1						2
合計		3	6	1	3	1	2	0	2	2	2	7	3	3	5	1	5	46

（筆者作成）

　ここでは、ミュンヘン市のこどもたちがどのような視点で交通に関する提案を行っているかを紹介します。

　表2は、交通に関する提案を、5つのジャンルで分類したものです。
　「歩行者信号・横断歩道」については、「歩行者信号や横断歩道の設置」、「歩行者横断時間の延長」などが提案されています。
　「公共交通」については、主にバスに関する提案がされていて、「利用料の値下げもしくは無料化」、「バスの運行本数の増加」などがあり、電車に関しても、「地下鉄で車椅子の人のためのランプ（斜路）の設置」という提案があります。
　「車の速度・ゾーン30」については、主に車の「速度制限の強化」や「速度の測定」に関する提案、「ゾーン30のエリアを強調する看板の設置」などが提案されています。
　「身近な道路」については、「通学路における自転車・歩行者専用道路の整備」や「交通量の緩和のための対策」が提案されています。
　「その他車関連」についての提案は稀ですが、「駐車場の設置」、「カーフ

リーデーの実施」などがあります。

　大人とこどもでは身体的な違いがあることから、見えているものや感じ方が異なることは想像に難くないです。したがって、大人にとっては何ら問題がない場合でも、こどもにとっては安全性や利便性が低く、まだまだ改善の余地があるのかもしれません。「歩行者横断時間の延長」を例にとってみると、大人にとっては十分に渡り切れる横断時間だとしても、歩幅や歩行速度が違うため、こどもにとっては横断時間が短いという可能性があります。

　また、第 65 回では、「ゾーン 30 に速度測定用のカメラの設置」という提案が採択されましたが、最終的には「該当箇所で速度違反や事故の発生がなかったため、措置は講じられない」という結論に至りました。速度違反などがないにもかかわらず提案が出されたということは、こどもたちにとって時速 30km で車が走行しているのは身の危険を感じるのかもしれません。確かに、データを基調として検討することは妥当ですが、こどもたちが安全性を感じられて、快適に歩ける空間を創出するためには、こどもの見え方や感じ方を共有して、現場に反映していくことが必要なのではないでしょうか。

2.　公共交通利用料の値下げに関する提案の対応

　フォーラムではこどもたちが自らの意見を伝え、大人と議論を交わしながらさまざまな提案が実現されてきました。ここでは、複数回にわたり同様の提案がなされるなかで、徐々に解決策の検討が進んだ例として、公共交通利用料の値下げに関する提案を紹介します（**表 3**）。

　16 回のフォーラムのうち、交通に関する提案は 46 件ありますが、うち生徒が利用する公共交通の利用料値下げや無料化を求める提案は 4 件です。第 62 回と第 68 回では利用料の値下げ、第 67 回と第 70 回では無料化を求める提案がされています。

表3　公共交通利用料の値下げに関する提案一覧

開催回	内容・採択後の展開
62	**●チケットシステムの改善／公共交通利用料の値下げ** 公共交通事業者の代表と提案者、フォーラムの担当者でミーティングを行った。事業者はこどもたちからの質問に全て回答したものの、こどもたちは回答に対して納得感を得られなかった。そこで、チケットシステムの改善と価格見直しのためのワークショップが計画されることになったものの、本件は時間をかけて検討していくものであるため、結果は今すぐ出せるものではないと帰結した。
67	**●公共交通利用料の無料化** 提案者は、学校の近くに住むため割引チケットを得られず、市内での移動に限りがあることから、生徒とそれ以下の年齢のこどもは公共交通機関を無料で利用できるようにしてほしいと主張した。市職員は、公共交通機関の利用料や税に関して、ミュンヘン市以外の区域との行き来をどのように扱うか、学生料金の年間定期券を発行するかなどが話し合われているが、何も決まっていないと報告した。
68	**●公共交通利用料の値下げ** 中学校に通う何人かの生徒は、公共交通機関の学生料金チケットを発行してほしいと提案した。学生料金は学校から5km以上離れた場所に住む生徒にしか適用されないため、その距離を短くしてほしいと主張した。市職員は、最近、2〜3kmに距離を縮めた地域もあると説明し、事業者が学生料金を検討中だと回答した。
70	**●公共交通利用料の無料化** 提案者は、公共交通機関の無料チケットを発行してほしいと主張した。学校から近くに住む生徒は割引チケットを得られないが、学校まで送迎してもらえる生徒は少なく、公共交通機関を使うことが多いと説明した。 また、料金割引を検討してほしいという案も示した。この案を聞いた参加者から割引チケットの発行方法について質問されたところ、提案者は「学生証をチケット代わりに提示する」と回答した。 市職員は、現在、学生チケットの試験利用が行われていると報告した。無料チケットは難しいとされているが、本件についてワーキンググループなどで提案できる機会を設けたいと話した。

（筆者作成）

　結果として、公共交通の利用料の値下げが決定しました。こども・若者は 11 ユーロ、日本円に換算すると約 130 円で公共交通を利用できるようになりました。毎日公共交通を利用した場合、年間の利用料は約 4 万 7,000 円です。この件については、ミュンヘン市だけで決定されたものではなく、周辺地域とも議論が重ねられています。

　ミュンヘン市では、通学距離に応じて市が補助金を出すことになっていましたが、通学距離が 3 km 以上でなければ補助金は出ません。フォーラ

ムのスタッフによると、3km以上離れた地域に住むこども・若者は大学進学が前提の高校に通うことが多く、裕福な家庭で暮らしている傾向があるそうですが、通学距離が3km未満のこども・若者はそうではない場合が多く、実情と補助の基準が適切ではなかったとのことです。実際に、第70回の提案でも「学校から近距離であるほど、両親が送迎をしてくれない」と述べられていて、補助金を得られないこども・若者も公共交通機関を利用していることがわかります。

3.　まちづくり提案の評価と今後の課題

　こどもたちがフォーラムで提案した内容は実に多岐にわたるとともに、大人では気づけない、こどもならではの鋭い視点が含まれています。こどもたちが自ら提案することによって、市や議員が考える施策と、こどもたちのニーズや考えが一致していないことが明らかになり、最終的にはかなりの提案が実現されました。

　こどもたち自身が「提案」という形式でまとめている点に意義があります。まずは自主的にテーマを選定し、その提案理由や望む解決策を大人に伝え、大人とともに議論を重ねて妥当かつ実現可能な解決策を見出しています。前述の公共交通の利用料値下げにおいても、実情と補助の基準が適切ではないことが明らかになり、無料化まではいかずとも、実現可能な範囲での解決が図られました。こども本人が感じている問題を知らせ、大人に気づきを与えています。こういった理由から、こどもの「まちづくり提案権」が必要だと考えます。

　また、このフォーラムにおいては、こどもたちの提案作成をサポートする事前学習の実施や、提案実現に向けた市職員・市議会議員・警察・地元関係者などの協働体制の構築などが行われており、こどもの提案権を保障するための仕組みや体制づくりがされている点にも注目すべきだと考えます。

こども・青少年フォーラムにおいて、こどもたちは、大人や他のこどもとのコミュニケーションによって他者の視点に触れたり、提案主体として、実現可能な解決策を協力して模索します。提案しただけではなく、提案の採択に向けて説明や意見交換をしたり、場合によっては、採択後に大人とミーティングを行います。実際に、まちや社会をつくる過程に入りこみ、主体性をもち活動しています。こどもたちにとってシティズンシップを身につけるうえでの重要な経験であるとともに、こどもたちの活動支援をした大人にとっても、こどもたちとの対話のなかで重要なことを学べる機会です。

　ただ、フォーラムのスタッフに対するインタビューでは、提案の実現が部分的であったり、提案の規模や内容によっては予算が足りずに実現できないということから、現在の制度に限界を感じているという回答もありました。公共料金の利用料の値下げについても、「値下げはされたものの、家庭によってはまだまだ高い料金であることを忘れてはならない」とコメントしています。提案実現のための予算確保は大きな障壁であり、フォーラムの課題と言えます。

これまでの私と、これからのファンド

土佐リハビリテーションカレッジ　作業療法学科　**森本向日葵**

　私が「こうちこどもファンド」に最初に関わったのは小学3年生のときでした。当時私は自分が住む地域が運営する子ども会の団員の一員であり、審査をされる側でした。「こどもファンド」の説明を大人から聞いた私は、「こどもがこどもを審査することは本当に可能なのか？」と疑問に思いましたが、その答えがYESだと数週間後の公開

地域を盛り上げるこどもたちの「熱量」

審査会で知ることになります。「こどもがこどもを審査するんだから、それほど厳しい審査会ではないだろう」と団体全員が思っていたのですが、いざ審査会でプレゼンをし、質疑応答の時間になると、こども審査員からの辛辣で鋭い質問がドシドシ押し寄せられてきて、生ぬるいものではないのだ、と理解しました。

こども審査員や他の団体の熱量をすごく感じた公開審査会では、自分の人生を大きく変えたようなものであり、「私も地域に対してもっといろんな方向から熱量を注ぎたい」と強く感じたことを覚えています。小学5年生になると地域の子ども会の活動がなくなり、その年からこども審査員になることを決意しました。今までとは違った視点で見る団体の活動内容やプレゼンは、こどもたちの無限の可能性を知ることができる機会でした。

私は「こどもファンド」に審査をしに行くのではなく、同年代の子たちがどのような思いで、どのような工夫を用いた企画を立てて、どれくらいの熱量で地域に向き合っているかを勉強しに行くような感覚でした。それは19歳になった今でも同じです。

「こどもファンド」はこどもにしか思いつかないような発想や、こどもが持っている地域への思いを、他の地域に住むこどもや大人たちに教えてくれる場所だと思います。

このような場所があるからこそ、こどもたちは自分が生まれた地域の魅力や素晴らしさに気づき、それに加えて他の地域のことも知ります。この連鎖が続いていって、最終的に「私が生まれた高知って素敵なところじゃないか」と知ることができるのだと思います。「こどもファンド」は認知度が低いことが問題の1つとも言えます。「こどもファンド」は、こどもたちの地域に対する熱量を知る唯一の機会だと考えています。

この制度がもっと多くの大人を巻き込んでいき、高知市のみならず、高知県、四国、全国と大きくなっていけば良いなと思いますし、実現可能だとも思います。また、こどもたち自身が立案し行動する機会を与えてくれるこの制度は、地域だけでなく自分自身の素晴らしさにも気づかせてくれるものです。この制度が全国的に広まり、より良いまちづくりができるようになることを願っています。

（もりもと　ひまり）

地域の奉仕活動の枠を超えた「こうちこどもファンド」

こども・若者が主役 2

株式会社片岡電気工事　代表取締役　片岡誉文

「こうちこどもファンド」がスタートし、10年という節目の年が迎えられたことをうれしく思います。弊社が「こうちこどもファンド」に出会って5年くらいだと思います。年間を通して、弊社はさまざまな活動に寄付をさせていただいております。「こうちこどもファンド」は、こどもたちがこの街を明るくしたい、よくしたいと自らが

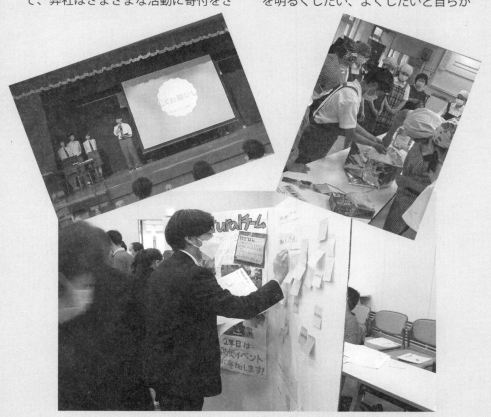

こどもたちの力で新しい高知の風土を

課題を考え自発的に行動し、さらにこどもたちがアドバイザーも努め、1つの課題に一緒に取り組むなど、他にはない大変素晴らしい活動だと感じております。

ひと昔前までは、こどもたちは親だけでなく近所のおじさんおばさんから、おじいさんおばあさんまで、地域の人に、いろいろな歴史や文化を教えてもらったり、ときには叱られたりしながら、周りの大人と触れ合い、人としての温かみを感じながら成長していました。

今ではそういったことも少なくなり、パソコンや携帯からの情報のみを取り入れて行くような時代となっており、何か人の「こころ」を感じることが少なくなったように思います。この「こうちこどもファンド」は、道徳を体験することが少なくなってしまった今、こどもたちにとって利他（りた）の精神や道徳を育むことができる、地域にとってなくてはならないものだと思っています。

「こうちこどもファンド」の活動はSNSなどを通じて認知度は上がってきたように感じますが、まだまだ多くの方に知っていただきたいと思っています。このような素晴らしい活動には皆さん賛同してくれますし、多くの企業が参画してくれることでしょう。

人手不足のこの時代、企業の事業内容についてもこどもたちに知ってもらえるいい機会です。また、企業側にとって「こうちこどもファンド」の活動を行っているこどもたちにはぜひ入社してもらいたいはずです。私たちのような寄付者が多く増えることで、こどもたちの人数も活動も大きくすることができます。私たちもただ寄付するだけではなく、必要な時には巻き込んでもらい、ともに活動していければと思っています。そうすることで、この地域をよくする輪を広げていってもらいたいです。

私たちは、100年後もこどもたちが安心して暮らせる明るい未来を残したいと考えています。「こうちこどもファンド」の活動は、地域の奉仕活動の枠を超えています。活動への参加がこどもの頃だけにとどまらず、社会人になってからもこの活動に関わり、次世代のこどもたちに伝えていくことで、よりよい循環を作り出すことができます。

この活動に参画してくれる同志を増やし、こどもたちの明るい未来を皆で築いていきましょう。私たちが暮らすまちをよくするのは、私たちです。この活動が、私たちの暮らす高知の新しい風土になることを願っています。

（かたおか　たかふみ）

高知に住み続けたいと思える
まちづくりを！

高知高等学校　増田光祥

　小さい頃、父が携わっていた商店街の七夕イベントやシャッターペイント活動にはいつもたくさんの笑顔と活気があり、わくわくしたことを今でも覚えています。

　小学4年生の時に、「こうちこどもファンド」に出会いました。父から「審査員やってみない？」という誘いを受けたのがきっかけです。その際

幅広い年齢層が集い、思いを伝え、応援する

55

に「こうちこどもファンド」は、「こどもが中心となり、高知のまちを活性化していこう！と取り組むこどもたちを応援する活動である」と知り、あの小さい頃のわくわく感を思い出し、参加を決めました。

　当初、「審査員とは？」、「自分と同じような年代のこどもたちがどのような活動をしているのか？」とたいへん興味がありました。初めて参加させていただいた事前研修会、公開審査会では審査員の先輩方の広い視野、活動団体のクオリティーの高さにとても驚かされました。8年経った今でも、毎回驚かされると同時に学ぶことが多くあります。

　「こうちこどもファンド」の魅力は、「こどもの活動をこどもの目線で見て応援すること」、「人と人がつながることができる貴重な場所であること」、「たくさんの経験ができること」などです。元々、とても堅苦しくこどもには難しい印象があった「審査員」ですが、実際に経験していく中で、審査員はこどもならではの視点や考えを持ち、こどもたちの活動に広く目を向けて、アドバイスをしたりエールを送ったりと、活動を応援、後押しする存在であると気づきました。

　また、卯月先生や畠中洋行さんをはじめとする大人の方々や年の近い先輩方と出会い、一緒に活動をさせていただいたことで、自分の考えを伝えることの大切さや難しさだけでなく、相手の思いを受け取ることの大切さを知ることができました。

　このように、幅広い年齢層のこどもたちが集い、出会い、思いを伝え、そして応援をするということも、「こうちこどもファンド」の大きな魅力の1つだと感じています。
そして、「こども審査員」は毎回緊張しますが、公開審査会、活動発表会での多くの人々の前で発言する貴重な経験を通して、私を少し成長させてくれました。「こども審査員」ならではの経験だと思います。

　最後になりますが、近年少子高齢化が急速に進む高知県において、私たちのような若い世代が中心となり、私たちの視点でさまざまな問題点や課題を見つけ、解決に向けて取り組むことは、とても大きな力になると信じています。

　私は、これからの高知を作り上げていく存在のひとりでありたいと同時に、高知に住み続けたいと思えるまちづくりへの熱意をひとりでも多くの仲間に伝えていきたいと思っています。

（ますだ　みつよし）

こども・若者が主役 4 自分を知った「こども審査員」の経験

京都産業大学　大原弘靖

「こうちこどもファンド」こども審査員OBの大原弘靖です。私は現在京都産業大学に通っている21歳の大学生です。私自身「こうちこどもファンド」との関わりは「こども審査員」を

中学1年生から3年生までの3年間務めた程度で、あまり深いものではありません。実際、今も何故自分に執筆依頼が来ているのか、少し疑問に思っています。ただ、「こうちこどもファンド」に現在もこども審査員OBとして携われていること、またこのような執筆の機会をいただけていることは非常に貴

「こうちこどもファンド」の活動は貴重な経験

重な経験で幸運なことだなと感じております。そう自分で感じるほど「こうちこどもファンド」では、あまり活躍できていなかったと記憶しています。

私の「こども審査員」時代を振り返ると、審査員に応募したきっかけは兄の影響によるものでした。私は小さい頃から兄の真似をしてイベントに参加したり、兄が遊びに行く際には一緒について行ったりしていたので、こうちこどもファンドに応募したきっかけも、兄が参加するから自分も参加してみようというものが始まりでした。

審査員1年目は自分が本当に何もできないことを実感し、「こども審査員」はそう甘いものではないことを知る1年だったと記憶しています。審査員同士の話し合いの場では、なかなか自分の意見が出せず周りの人の意見に同意していく程度で話について行くのがやっとでした。審査員2年、3年目になるにつれて少しずつ自分の意見を発言できていったことや活動団体の審査会の際には、より確かな理由に基づく審査ができていったのではないかと思います。しかし、それでも他の「こども審査員」の意見や考え方を聞くと納得する部分や自分では考えられなかった疑問点が次々に出てきたこと、またときには大人が唸るほどの意見がこどもから出たこともあり、単純にすごい

という印象を持ったことを覚えています。

このように審査員時代を振り返ってみても、私は「こうちこどもファンド」で目立った活躍はできていません。大人が唸るほどの意見や質問もまったく出せていません。ですが、今となってはそれでもよかったのだと思います。自分には何ができなかったのか、そして何ができるようになったのか、また3年間でどう変わったのかなどを知ることができただけでも本当によい経験ができたなと考えています。

「こうちこどもファンド」はこれから進化していきます。「こども審査員」は活動団体とのつながり、活動団体と寄付者のつながりなどが今後よりいっそう増えていきます。そして私が審査員として得た経験以上のものをこれから関わっていくこどもたちは得られるかもしれません。

私はこども審査員OBとして、「こうちこどもファンド」がもっと多くのこどもたちに知ってもらえるように今後も携わり、何かを得ることができる場としてこの活動を存続させていきたいと考えています。そしてそれが少しでも貴重な経験をさせてもらった恩返しになればなと考えています。

（おおはら　ひろやす）

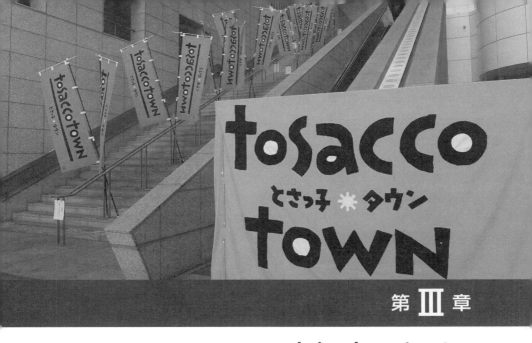

第 III 章

高知市における
「こども主体のまちづくり」

畠中 洋行

1．こどもたちが運営するまち「とさっ子タウン」

（1）ミニミュンヘンがモデル

　「とさっ子タウン」は、2005 年に卯月さんから「ミニ・ミュンヘン」の DVD（**図Ⅲ-1**）を見せてもらったことがきっかけとなり、2008 年 1 月に、認定特定非営利活動法人 NPO 高知市民会議（以下、NPO 高知市民会議）の呼びかけに応じて集まったメンバーで「とさっ子タウン」実行委員会が生まれました。

　実行委員会メンバー全員で「ミニ・ミュンヘン」の DVD（制作・企画・編集：ミニ・ミュンヘン研究会）を観て、高知では何を目指すのか、呼びかけ対象年齢や具体的なプログラムはどうするのかといったことを、約 1 年半かけて話し合いました。その期間中の 2008 年 11 月には、卯月さんとともに「ミニ・ミュンヘン」の主宰者であるゲルト・グリュナイスルさんを招いた講演会を開催し、「ミニ・ミュンヘン」のことや準備中の「とさっ子タウン」のことを、広く市民の皆さんに知ってもらうことにも努めました。

　そして、一定の方向性が定まってきた 2009 年 6 月に「お試し」開催をし、さまざまな検証を行って企画内容の改善を図り、2009 年 9 月に第 1 回「とさっ子タウン」開催を迎えることができました。その後、年 1 回の開催を重ね、2018 年には 10 回目を迎え、2020 年には「コロナ」禍のため中止を余儀なくされました

子どもがつくる、もうひとつの都市

mini münchen
ミニ・ミュンヘン
-die alternative Stadt もうひとつの都市-
ver.2

mini münchen Lab.

図Ⅲ-1　「ミニ・ミュンヘン」DVD

が、2021年・2022年は「コロナ」禍でも開催可能な方法を模索しながら、取り組みを継続してきました。

（2）「とさっ子タウン」のねらい

　準備期間中約1年半かけて実行委員会で話し合った結果、「とさっ子タウン」が目指す方向性が次のようにまとまりました。「高知ならではの仕事や文化や遊びを体験できる場になるといいな」「異年齢間のコミュニケーションが生まれる場になるといいな」「社会の仕組みを知ることができる場になるといいな」、そして、こうした仮想のまち「とさっ子タウン」内での経験を通して、現実の「まちの運営・社会のしくみ」に少しでも関心を持ってもらえるとうれしいし、さらに高知のことをもっともっと好きになってくれるといいなという思いが込められています。

　合言葉は「こどものチカラを信じよう！」「最低でも10年は続けよう！」を基本に、「とさっ子タウン」はスタートし、これまで継続されています。

2.「とさっ子タウン」の概要

　「とさっ子タウン」は、会場の都合などにより前後することはありますが、高知市文化プラザかるぽーとを会場（**図Ⅲ-2**）に、基本的には毎年8月の第3土日の2日間開催を目指しています。高知県内の全小中学校にチラシ（**図Ⅲ-3**）を配布して参加呼びかけを行うのですが、参加できるのは、小学校4年生から中学3年生までの約400人で、2日間参加ができることを条件にしています。

　主催は「とさっ子タウン」実行委員会・NPO高知市民会議・高知市市民活動サポートセンター（NPO高知市民会議が指定管理者）・高知市文化振興事業団です。

　当日集まってきたこどもたちは最初に、かるぽーと内の別会場でガイダ

ンスを受けます。「とさっ子市民」として「とさっ子タウン」内でどのようなことができるのか、また大切にしてほしいことなどを、「とさっ子タウン」市長や議員から説明を受けます。そして、こどもたちが「とさっ子タウン」の中に入ってからのまちのしくみについても紹介します。

図Ⅲ-2 「とさっ子タウン」会場の「かるぽーと」

図Ⅲ-3 呼びかけチラシ

（1）さまざまな職業や文化をその道のプロから学び体験

まちの中に入ったこどもたちは、まずハローワークに行き貼られてある求人票を見ながら、やってみたい仕事を選びます（**図Ⅲ-4 および図Ⅲ-5a. b.c.d.e.f**）。まちの中には約50種類の仕事があり（**図Ⅲ-6**）、職種によって30分、60分、90分、120分という就業時間が設定されています。

各仕事場にはそれぞれ専門家がボランティアで参加してくれていて、仕事の楽しさや大事にしてほしいことなどをこどもたちに伝えながら仕事を教えてくれます。

図Ⅲ-4 ハローワーク

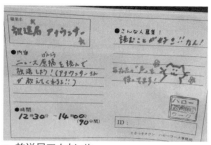
a. 放送局アナウンサー

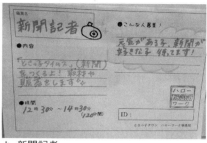
b. 新聞記者

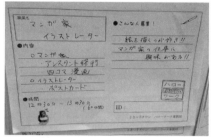
c. マンガ家・イラストレータ

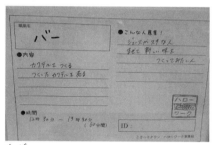
d. バー

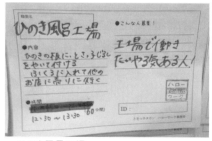
e. ひのき風呂工場

f. 土佐鹿毛皮工房

図Ⅲ-5 求人票

　高知といえば酒文化、日本バーテンダー協会高知県本部高知支部のメンバーが教えてくれるノンアルカクテルを作って販売する「バー」、マンガ県高知のプロ・アマが教えてくれる「マンガ家」の仕事、路面電車を模した「とさっ子電鉄（通称：こでん）」といった高知らしい職業があり、他

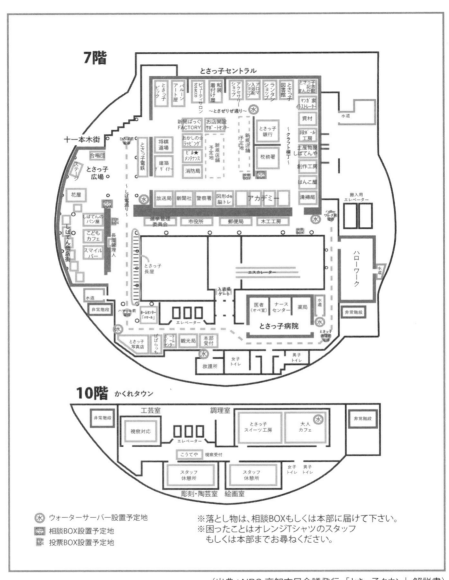

（出典：NPO 高知市民会議発行「とさっ子タウン」解説書）

図Ⅲ-6　2019年度の会場レイアウト図

にもたくさんの仕事が構えられています。

　例えば、「とさっ子放送局」では、レポーター・アナウンサー・ディレクター・技術の仕事を担当し、皆で1つの番組を作り上げ、その内容をまち全体に放送するようになっています。ここでは、地元の放送局各社のスタッフが教えてくれています。

　「とさっ子新聞社」では、まちの中のでき事を取材し写真撮影も行って記事を書き、A4サイズの「とさっ子タイムス」を印刷して発行します。1日に4〜5号発行されます。ここでは、高知新聞社・毎日新聞高知支局・読売新聞高知支局の記者が教えてくれています。

　「警察署」では、制服・制帽姿でまちの中をパトロールしたり、まちに放置された不審自転車の指紋を採取したりする仕事を高知県警察本部から派遣された警察官が教えてくれています。

　「医療センター」では、研修医や看護師が練習用に使う器具を使って傷口の縫合の仕方・採血の仕方を体験し、薬を調合して個包装する器具を使って薬剤師の仕事を体験します。ここでは、高知県医療政策課から派遣された医師や（公社）高知県看護協会から派遣された看護師、（公社）高知県薬剤師会のメンバーが教えてくれています。

　「とさっ子銀行」では、お客様への接し方やお金の数え方を練習して、窓口業務を行います。「とさっ子市民」の給料を支払ったり、預金を預かったりする仕事を、四国銀行の皆さんが教えてくれています。

　仕事を終えたら「とさっ子銀行」に行って、タウン内の通貨「トス」（**図Ⅲ-7**）で給料をもらいます。給料をもらったら、税務署で税金（所得税：税率は毎年初日に行われる議会で検討され、変更もあります）を支払う仕組みになっています。その後、ふたたびハローワークで新たな仕事を選ぶ市民もいれば、稼いだお金でまちの中で飲食や買い物を楽しみ、お金を払って学べる「アカデミー」（考古学、身近な科学実験、川エビの生態学など、バラエティに富んだ講座があります）に行く市民もいます（**図Ⅲ-8**）。

　また、一定の仕事経験を経て資金が貯まれば起業することもできるよう

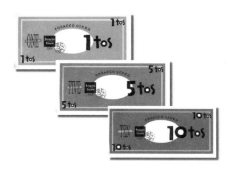

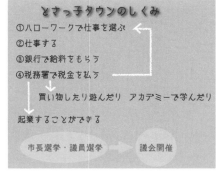

図Ⅲ-7 タウン内で使う通貨「トス」　　　　　図Ⅲ-8　タウン内での流れ」

になっていて、自分でやってみたいお店を開店する市民や、「今まちの中
に足りないものは何か」を見つけて、それを解決するために起業する市民
もいて、毎年どのような起業がされるか楽しみです。

（2）市長・議員の選挙と議会の開催

　まちの課題を解消し、よりよい「とさっ子タウン」にしていくために、
「とさっ子タウン」の市長と議員を選ぶ選挙が隔年で実施されます（**図Ⅲ
-9 および図Ⅲ-10**）。選挙の際には、「選挙管理委員会」の仕事として、高
知市選挙管理委員会のスタッフから、選挙活動のあり方や投票箱の設置、
開票や票の集計の仕方を教えてもらいます。そして、本物の投票用紙と同
じ様式の模擬用紙を用いて、市民は定められた時間内に投票を行います。
　市長と議員の任期は 2 年で、毎年交互にそれぞれの選挙が行われます。
1 日目に選挙が行われ、選ばれた市長・副市長・議員で 1 回目の議会を開
催します。2 日目には、選挙で約束した公約にもとづく取り組みを実施し
た後、2 回目の議会を開催して、それらの効果を検証するようになってい
ます。「とさっ子タウン」市長や議員は、「とさっ子タウン」を訪れる高知
県知事や高知市長を案内し、議会で対談を行います。

図Ⅲ-9　市長選挙活動中の候補者

図Ⅲ-10　くす玉割で当選を祝う新市長

（3）保護者はタウン内に入場できない

　保護者の存在を意識せずに、気兼ねなく自らの意志で、やりたいと思うことに挑戦してほしいという思いから、「とさっ子タウン」内に保護者は入れない決まりになっています。実行委員やスタッフも、「とさっ子市民」が悩んでいる時や困っている時のみ「どうしたの？」と声かけする以外は、こどもたちに任せることを基本としています。ただ、保護者との関係性を築くために、次のような取り組みは行っています。

　・こどもたちに対して１日目に行うガイダンスの場にだけは保護者も参加可能にしています。ガイダンス会場となるホールの１階にこどもたち、２階に保護者が入るようになっていて、「とさっ子タウン」全体のしくみや、「とさっ子タウン」内でどのようなことができるのか、「とさっ子タウン」に協力してくれているたくさんの企業や公的機関

の存在について知ってもらうようにしています。

・1日目と2日目の終了時間の約30分前から、迎えに来る保護者の皆さんが待機できる場を設け、その日のタウン内の様子を伝える動画や静止画像を流すとともに、「とさっ子タウン」で大切にしていることを、実行委員会メンバーがプレゼンテーションするようにしています。

・こどもたちが家に帰って、保護者とコミュニケーションを取る際のツールとして、「市民証」（図Ⅲ-11）と「とさっ子タイムス」（図Ⅲ-12）を役立ててもらうようにしています。「市民証」には2日間でどのような仕事を経験してきたのか、給料をどれだけもらったのか、税金をどれだけ支払ったのか記録が残るようになっています。「とさっ子タイムス」は2日間で約10号発行されるので、それを読めばタウン内のでき事などがわかるようになっています。

・また、こどもたちが家に帰ってから、保護者の皆さんとどのような話をしたのか、その時のこどもたちの様子や「とさっ子タウン」に参加する前と比べた変化などを、メールやFAXなどで送付してもらうお願いも行っています。

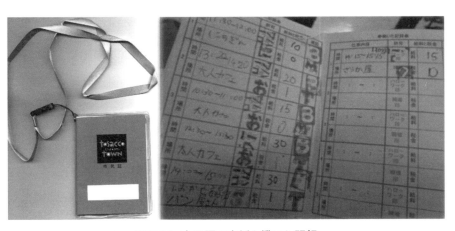

図Ⅲ-11　市民証の表紙と働いた記録

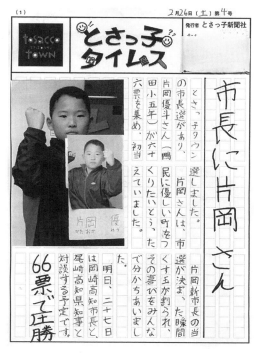

図Ⅲ-12　とさっ子タイムス

（4）「コロナ」禍での模索

　2009 年の第 1 回開催から順調に取り組みを進めてきた「とさっ子タウン」ですが、2020 年から 2022 年は「コロナ」禍における対応を余儀なくされました。2020 年は残念ながら全面的に中止せざるを得ませんでした。さらに、「コロナ」禍の収束が見えない中、会場である「高知市文化プラザかるぽーと」が全面改修のため 2022 年は使用できないという事情もありました。それらを踏まえて 2021 年と 2022 年の開催のあり方を模索することに。

　結果的には、2019 年までのような、会場に大勢の市民が集まってまちを運営するスタイルは「密」を避けるためいったん休止することにし、「と

さっ子タウン」市民が現実のまちに出かけて仕事をする「おでかけとさっ子タウン」というスタイルで開催することになりました。

　8月中旬からと9月下旬までの約40日の間で、これまで「とさっ子タウン」に協力してくれていた企業や事業所などに「とさっ子タウン」市民数人ずつを受け入れてもらい、実際の現場で仕事を体験し、「トス」で給料をもらいます（この場合、所得税は天引きしていることを給料明細

図Ⅲ-13　「おでかけとさっ子タウン」参加呼びかけチラシ

書に記しています）。2021年は翌年に向けた「お試し」的な意味合いから、受け入れ人数や職場数を少なくして開催して検証を行い、2022年には29の職種・46のプログラムを準備し、延べ114人の「とさっ子タウン」市民が参加して開催されました（**図Ⅲ-13**）。

　「おでかけとさっ子タウン」を開催することで、新たなプログラムの可能性が見えてきました。「とさっ子タウン」のねらいの1つとして、「高知ならではの仕事を体験できる場になるといいな」を掲げていました。しかし、従来の会場内では、農林水産業に関する仕事のプログラムを構えるのが難しかったのですが、「おでかけ」にすることで、「ニラ農家」の仕事、「ゆず農家」の仕事、「森と建築をつなぐ木材コーディネーター」の仕事といった、農林業の現場での仕事に携わることのできるプログラムを実施することができました。このプログラムは今後の展開の可能性を示唆してくれていると思います。

3．10年以上続けてきた成果

（1）「とさっ子タウン」市民に見られる変化

　「とさっ子タウン」の開催日はわずか2日間にもかかわらず、「とさっ子タウン」市民には変化が現れます。1日目の始まり時点では、まだ戸惑いがちで受動的な様子が見受けられますが、時間が経つにつれて、与えられたプログラムにアイデアを足したり、まちの中に足りないことを見つけ出し、それを解決するために起業したり、議会で話し合ったりというように、自分たちで考え行動に移す能動的な姿勢へと変化していく様子が見てとれます。

（2）「とさっ子タウン」実行委員会─学生の育ちをタノシム大人たち

　「とさっ子タウン」を実施するために、2008年に実行委員会が立ち上がったことについては先に触れましたが、設立当時のメンバーは、大学生

と大人（社会人）で構成されていました。大学生が実行委員長・副実行委員長を務め、大人は豊富な経験や人脈を活かして、学生たちを支える役割に徹するという組織形態をつくってきました。

　1年を通して最低毎月1回集まり、前の年に開催した「とさっ子タウン」を振り返り、改善点等を洗い出して、次の年の開催に向けてのプログラムや準備すべき内容等を話し合い「とさっ子タウン」本番を迎えます。また、企業を訪問してプレゼンテーションを行い、「とさっ子タウン」のファンを増やすとともに、協賛金をいただく取り組みも行なっています。

　こうした取り組みを経験する中で、学生たちは多様な思いや意見を持つ人たちと、どのようにして合意形成を図るかを学んだり、「とさっ子タウン」市民への寄り添い方を分かち合ったり、「とさっ子タウン」ファンを増やす活動を行いながら確実に育っています。大人メンバーは、こうした学生たちの育ちを頼もしく見守りながら、楽しんでいます。

（3）「とさっ子タウン」市民経験者が実行委員会メンバーに

　こどもたちは中学校卒業と同時に「とさっ子タウン」市民も卒業することになっていますが、毎年何人かの市民経験者が、実行委員会メンバーとして参加してくれるようになり、自らの経験をふまえたアイデアや意見を出してくれることで、プログラムがさらに充実してきています。実行委員会が生まれた当初は、大学生と大人（社会人）でメンバーが構成されていましたが、近年では、大学生・高校生・大人という構成へと変化し、中でも高校生の比率が高くなって、実行委員会の平均年齢が若くなってきています。

　2009年の第1回「とさっ子タウン」に参加した10〜15歳の「とさっ子タウン」市民は、2023年時点では24〜29歳になり、ほとんどが社会人になっていますが、高知に在住しているメンバーの何人かは、現在、実行委員会メンバーとして活躍しています。また、2019年度に開催した「とさっ子タウン」では、「とさっ子タウン」市民に仕事を教える専門家と

しての立場で参加してくれた人もいました。

　今後「とさっ子タウン」が継続されることで、社会人になった「とさっ子タウン」市民経験者や実行委員メンバーがいつか親となり、そのこどもたちが「とさっ子タウン」に参加するようになる、そんなサイクルが生まれることを夢見ています。

（4）企業・公的機関などさまざまな人たちの協力体制が確立

　「とさっ子タウン」の開催は、さまざまな方々の協力があって成り立っています。タウン内で「とさっ子タウン」市民に仕事の面白さや大切さを教えてくれるその道のプロの皆さんは、1 日当たり約 120 人がボランティアとして参加してくれています。また、食べ物・飲み物ならびに必要な物品を提供してくれる企業や事業所、開催に必要な経費をまかなうために、協賛金や寄付金（74 頁「運営資金確保の取り組み」参照）を提供してくれる企業などを合わせると、80 を超える企業や事業所が協力してくれています。2009 年にスタートした当初は約 30 の企業や事業所でしたので、この 10 年余りの間に協力者の数が増え、協力体制が確立してきたと言えます。

運営資金確保の取り組み

　「とさっ子タウン」開催に必要な資金の内、約６割を協賛金・寄付金でまかなっています。実行委員会の大学生メンバーが高知県内の企業を訪問し、「とさっ子タウン」の趣旨などについてプレゼンテーションを行い、共感を得た企業から協賛金をいただいています。大学生にとっては、就職活動を想定した学びの場にもなっています。

　こうした協賛金の他に、高知市内の飲食店で「寄付つきメニュー」（図Ⅲ-14）という形での寄付金集めも行っています。「寄付つきメニュー」は、NPO高知市民会議が考案し、飲食店の協力を得て、飲食店ごとに「通常価格＋寄付金額」を記載した「寄付つきメニュー」を設定してもらい（寄付金は「とさっ子タウン」に寄付されることをメニューに明記）、趣旨に賛同していただけるお客さんが「寄付つきメニュー」を注文することで寄付金が集まるしくみになっています。2022年時点では、下記4店舗が「寄付つきメニュー」に協力してくれており、年間で10〜15万円程度の寄付金が集まっています。

図Ⅲ-14　寄付つきメニュー

（出典：NPO高知市民会議発行「とさっ子タウン」解説書）

第 IV 章

「こうちこどもファンド」の概要

畠中 洋行
卯月 盛夫

1.「こうちこどもファンド」が生まれたワケ

　「こうちこどもファンド」は「自分たちのまちをよくしたい」というこどもたちの思いを支援することを目的として 2012 年度高知市によって創設されました。「こうちこどもファンド」が生まれた主な要因として、「公益信託高知市まちづくりファンド」と「とさっ子タウン」の取り組みがあげられます。

　「公益信託高知市まちづくりファンド」は、2003 年度から始まった取り組みで、高知市が 3,000 万円を地元の銀行に信託し、高知市内のまちづくり活動や市民活動を行う団体に助成するというものです。同ファンドが生まれてから 2012 年度に 10 年を迎えるということで、これまでの成果と今後の課題を検証する検討委員会が 2011 年度に設けられました。

　検討の過程で 9 年間に助成を受けた活動の 3 割近くが、こどもが関わる取り組みであったことが分かりました。その多くは大人がこどもたちのために企画し、こどもたちと一緒に取り組みを進めるという内容でした。そのことを踏まえて、「そろそろこどもたち自らが企画し、取り組みを進めていけるような、新たな仕組みを検討する時期に来ているのでは」という検討委員会メンバーの意見も含めて、同ファンドの今後の在り方に関する提言が高知市長に対して行われました。

　それに加えて、2009 年度から始まった「とさっ子タウン」にほぼ毎年高知市長が訪れて、とさっ子タウン市民の活躍する様子を見学したり、とさっ子タウン議会に参加し、とさっ子タウン市長や議員と話し合いを行ってきました。そうした中から、「こどもたちは自ら考え、行動するチカラを持っている」ということを体感し、大人に求められているのはこどものチカラを信じ、こどもたちが主体的に活躍できる「場」を提供すること。その大切さをあらためて感じたことと推察されます。こうした 2 つの要因に後押しされて「こうちこどもファンド」が動き出したと言えます。

　「こうちこどもファンド」のしくみづくりは 2011 年度に行われました。

その際には、卯月さんの案内のもと、高知市の担当課の職員と数人の有志メンバーがミュンヘン市で開催された「こども・青少年フォーラム」を見学し、「こども主体のまちづくり」の可能性を確信し、高知での「こうちこどもファンド」の在り方が定まってきました。

2.「こうちこどもファンド」の仕組み

（1）助成金額と財源

「高知市子どもまちづくり基金」に高知市から 2,000 万円を積立てるとともに、市民・企業からの寄付金（当初の目標金額は 1,000 万円）を募り、この基金から、１団体につき上限 20 万円までの範囲内で活動を助成することになっています。なお、同一の活動テーマに関しては原則３回までの助成が可能となっています。

（2）応募の条件

次の３つの条件を満たしていれば応募できます。
・高知市に在住または通学している 18 歳以下の３人以上のグループであること
・上記グループのメンバーが１つの家族（兄弟姉妹）だけでないこと
・サポートしてくれる大人が２人以上いること

（3）審査するのもこどもたち（こども審査員）

応募して活動をするのはもちろんこどもたちですが、助成をするかどうかを決めるための審査をするのもこどもたちです。スタート当初のこども審査員は、小学生３人、中学生３人、高校生３人で構成されていましたが（ちなみに「とさっ子タウン」元市長・元議員経験者も、こども審査員メンバーに選ばれていました）、こども審査員も公募となっており、公募の状況に

77

より、人数のばらつきは見られます。このように、提案・審査・活動のすべてにおいて「こどもが主体」となる、全国的にも珍しい取り組みです。

　審査の際には、こども審査員のほかに、こども審査員サポーター（スタート当初は大人審査員と呼ばれていた）という大人のメンバーが数人加わります。こども審査員サポーターは、必要に応じてこども審査員の考え方のヒントになり、また考え方の視野が広がるような意見を述べることもありますが、それも必要ないくらいこども審査員はしっかりとしています。

（4）公開審査会の場で助成が決定

　助成をするかどうかは公開審査会の場で決まります（**図Ⅳ-1**）。応募団体は３分以内でプレゼンテーションを行います（**図Ⅳ-2a.b.c**）。パワーポイントを使うグループ、紙芝居風に思いを伝えるグループ、音楽やダンスを交えるグループなど、多様な手法でのプレゼンテーションがあって緊張

図Ⅳ-1　公開審査会会場の様子　　　　（写真提供：高知市）

した雰囲気もありますが楽しいひと時でもあります。

　プレゼンテーションが終わると、こども審査員からの質問に各団体のこどもたちが答える質疑応答が5分以内で行われます（**図Ⅳ-3a.b.c**）。全団体のプレゼンテーションと質疑応答が終わると、「一次判断」が行われます。「いいね！」「もう少し質問がある」「もうちょっと！」という3つの項目が書かれた模造紙が用意され、こども審査員は自分の判断結果に当てはまる項目のところに、自分の名前を書いたシールを貼ります。

　その後の公開協議では、「一次判断」の結果をもとに、「もう少し質問が

a.

b.

c.

（写真提供：高知市）

図Ⅳ-2　プレゼンテーションの様子

ある」「もうちょっと！」にシールを貼った審査員からその思いを発表してもらい、それに対して該当する団体メンバーから答えてもらうというやりとりを行います。

　その後、助成するかどうかの最終判断のシール投票を行い、こども審査

a.

b.

（写真提供：高知市）

c.

（写真提供：高知市）

図Ⅳ-3　質疑応答の様子

員から過半数の票を獲得した団体に助成が決定します（図Ⅳ-4）。

（5）1年間の流れ

　5月中に応募団体から申請書を提出してもらい、6月に公開審査会を開催します。助成が決定した団体は、7月から翌年2月末まで活動を行い、3月には活動発表会で取り組みの成果などを報告してもらうという流れになっています。

（6）「こどもファンドアドバイザー」の存在と役割

　「こうちこどもファンド」には、まちづくり活動に関して豊富な経験や知識を持った「こどもファンドアドバイザー」が存在しています。応募を希望している団体から要請があれば出向き、「どんなことをやりたいと思っている？」「なぜやりたいと思ったの？」「それをやることでどんな人が喜

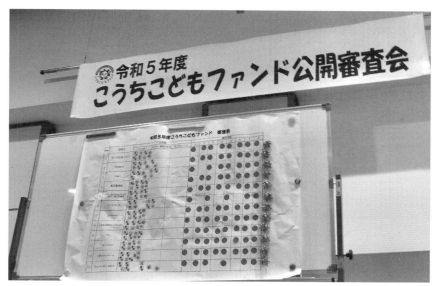

（写真提供：高知市）

図Ⅳ-4　「一次判断」「最終判断」のシールが貼られた模造紙

ぶと思う？」「どんな人にチカラを貸してほしい？」といったやりとりをしながら、こどもたちが考え方を整理するためのサポートをします。

さらに、助成が決まり活動が始まって以降は、当初の計画通りに進まないといった悩みや課題への対応を一緒に考えるお手伝いも行っています（図Ⅳ-5）。

アドバイザーに相談することで、「考え方の視野が広がった」「自分たちの考え方を整理するのに役立った」「活動のヒントが得られた」「いろいろな人の知恵や技を借りることの大切さに気づいた」といったこどもたちの感想が、活動団体のこどもたちに対するアンケート調査結果にも示されています（図Ⅳ-6）。

（7）広報の取り組み

活動団体及びこども審査員の募集に関しては、高知市の担当課（高知市

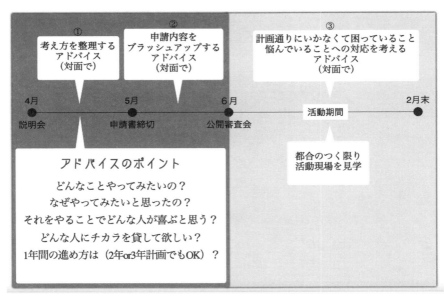

図Ⅳ-5　アドバイザーの1年間の役割

地域コミュニティ推進課）が校長会で趣旨を説明して、各学校に応募呼び
かけを行ったり、地域の自治組織などさまざまな団体への働きかけのほか、
市の HP に掲載して募集を行ってきています。

　活動の様子を伝える手段としては、主に担当課が発行する「こうちこど
もファンド通信」を、活動団体をはじめとする関係者や寄付金をいただい
た方々に配布したり、公的施設などにおいてもらったり、近年はインスタ
グラムなど SNS を活用した発信も行っています。

　また、2018 年度からは活動の様子が見えてくる 10 月頃から月に 1 回
のペースで、地元の高知新聞社の協力を得て、同社の「読もっか NIE 編集部」
が編集するコーナーに、活動団体のメンバー自らが書いた記事を継続的に
掲載してもらっています。

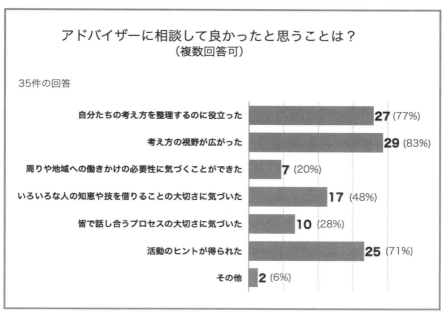

（出典：高知市まちづくり活動検討委員会からの答申書より）

図Ⅳ-6　アドバイザーに相談してよかったと思うこと

3. 「こうちこどもファンド」と「こども・青少年フォーラム」の日独比較

（1）まちづくり提案の作成と申請プロセス

　こどもたちが日常的にまちを変えたい、まちでこんなことをしたいと考えるのは世界共通です。重要なのは、そのようなこどもたちの思いをできるだけ実現することです。そのためには、こどもたちの考えを聞きながらひとつの提案にまとめ、みんなの前で発表し社会的な共感を得ることが必要です。その一連のプロセスにはやはり大人の手助けが必要です。ミュンヘンでは、こどもの活動を支援する専門のNPO法人がフォーラム開催前に学校と地域のこども施設に呼びかけをして、来て欲しいと言われた場所に出かけていき、ワークショップを行います。長くても数時間ですが、提案を作成し、発表のための模造紙や小道具の作成のお手伝いをします。

　一方高知では、学校や地域の要請が高知市にあった場合に、こどもファンドアドバイザーが出かけていき、提案づくりのお手伝いをします。したがって、提案づくりのお手伝いに関しては基本的に両市に大きな違いはありません。ただ、ミュンヘンには申請書というようなものは原則なく、当日発表の模造紙やパネルなどの準備だけをすればよいのですが、高知では事前に申請書の提出が必要なので、準備に少し時間が必要になります。

（2）当日の運営体制

　ミュンヘンは、1年に2回春（4月下旬から5月にかけて）と秋（11月中旬）にフォーラムが開催されますが、高知は6月に1回公開審査会が開催されます。ミュンヘンのフォーラムは市議会議場で開催され、市議会各党と市役所の関係職員が出席し、こどもたちの提案発表に質問を投げかけます。その理由は、最終的にこどもたちによって採択された提案は、市議会あるいは市役所の担当者が決められ、実現しなければいけない責任があるためです。つまりミュンヘンの場合は、こどもたちだけでできる活動

の提案というより、議会や市が主体的になって実施する事業への提案が多いように思います。そういった意味では、こども議会の活動に近いかもしれません。

　一方高知の公開審査会には、議員や担当課、こども審査員サポーターを担う職員以外の参加は基本的にありません。高知の申請書には、そもそも大人サポーター（両親や学校や地域の関係者など）や協力団体の記載欄があり、事前に応援スタッフがいることが前提になっています。もちろん活動内容によっては、議員や関係課の職員の協力が必要なケースもありますが、それは採択された後に協力依頼をすることになります。

　また、当日の進行ですが、ミュンヘンはNPO法人のスタッフと地元放送局のアナウンサー、高知はこれまでは市職員とこども審査員サポーターが担当してきましたが、2023年度からはこども審査員OB・OGの若者が中心となり担うようになりました。

（3）こどもたちによる審査方法

　ミュンヘンも高知も、こどもの提案を議論し採択するのはこどもたちですが、そのシステムは異なります。ミュンヘンの場合は、当日集まったこどもたち全員で挙手をして決めます。事務局のお手伝いをするこどもたち（時計係や誘導係など）も一部はいますが、ほとんど多くのこどもたちは提案をするために会場に来たこどもとその仲間たちです。したがって、審査にあたっても、事前に準備をすることもなく、たまたま会場にいるこどもたちの自由な議論で決定されることになります。

　一方高知では、こども審査員は事前に公募で決定しています。学年は小学4年生から高校3年生までほぼ10人前後で、とても年齢の幅が広いです。任期は1年ですが、これまでの実績でいうと、複数年応募してくれるこどもも多く、最長8年のこどももいました。公開審査会の1週間前には、申請書類を読んで内容の確認や事前打ち合わせをするので、かなり多くの時間を費やします。このこども審査員という制度は、ミュンヘンにはない

高知の独自のものですが、今回の 10 年目の調査では、このこども審査員の成長が顕著に現れていました。またこども審査員の経験をした若者がその後もいろいろな形で高知のまちづくりに関わっていくことが大いに期待されています。

（4）採択された提案の実現の仕組み

　ミュンヘンでは、フォーラムの場でこどもたちによって採択された提案は、その場で市の職員あるいは市議会の議員が実現する担当者として決められます。多くの場合、職員や議員は、「私が担当します」と挙手をします。そして、書面に担当者とこども代表がサインをします。その後は、担当者からこどもたちに連絡が入り、現場の確認やこどものワークショップが開催されます。もちろん必要に応じて、地元の関係者や住民も加わってデザインが決まったり、工事が行われたりします。その費用はすべてミュンヘン市が負担しますが、必ずしも公開されていません。したがって、内容によっては半年や 1 年では実現しないプロジェクトもありますが、ミュンヘン市は提案の実現、あるいは実現できない理由の開示などに責任を持つ体制と言えます。

　それに対して高知では、公開審査会での採択を受けて申請金額（上限20 万円）に応じて、資金が直接申請団体の口座に振り込まれます。活動に必要な資金はあらかじめ大人の協力を得て、申請書に書かれています。したがって、その資金を利用して、こどもたちは大人や地域の協力を得ながら、提案を実現していきます。つまり、提案の実現の責任は、こどもたちと申請書に書かれた大人サポーターにあります。ミュンヘンと高知では、資金と提案実現の主体に大きな違いがあります。

これからも応援団として活動支援

こども・
若者が主役
5

株式会社高南メディカル　代表取締役社長　**宮本高憲**

今から5年ほど前、会社に「こうちこどもファンド」通信が送られてきました。当時、弊社も事務所移転に伴い地域に根差した企業を目指して「子ども食堂」の開設など地域貢献活動に関心があり、地域やこどもたちのためになる活動がないか模索していました。というのも私自身が幼少期には、地域や大人たちに見守られ、好き勝手をやっ

「こうちこどもファンド」の活動は貴重な経験

ていたワンパク坊主でしたので、これからはその時の恩返しも含めて、個人として会社として、どのように地域やこどもたちに還元ができるかを考えていました。

そんな時に「こうちこどもファンド」の取り組みを知り、少しでもお役に立ちたいと寄付を始めました。その後も「こうちこどもファンド」通信が送られ、目を通していく中で、こどもたちが大人以上の目線で町や地域の課題を認識し、解決に向けた取り組みを行っている姿に感心させられています。

こどもたちの皆さんが、活動を通じて失敗や成功を繰り返し、さまざまな経験をし、成長しているのだなと……。また、その活動の中で新たな課題に直面した時も、その課題に対して真摯に向き合い解決の糸口を探す姿勢は、私自身も見習わないといけないと気付かされています。

「こうちこどもファンド」の取り組みも10年が過ぎ、今は活動を開始した当初のこども審査員の経験者が成人し活動を支える側となっており、「こうちこどもファンド」の中でしっかりと思いも受け継がれ、これからますます楽しみな「こうちこどもファンド」となることでしょう。

今後もこどもたちの応援団として、「こうちこどもファンド」の活動を支援して参りたいと思います。

皆さんも、ぜひご一緒に応援団に加わりませんか。

（みやもと　たかのり）

こども・若者が主役 6 「こうちこどもファンド」で学んだ実践力

株式会社そーむ　代表取締役　家古谷 優

私は、高校生時代の3年間（2013〜2015年）を通して「こうちこどもファンド」で、こども審査員を2期、3期、4期務めました。最初は、活動団体に応募するつもりでしたが、いいアイディアがなかったので断念しました。同年代のこどもたちがどのような活動のアイディアをもって応募しているのか、知りたい気持ちもあったので「こども審査員」に応募しました。こどもファンドの審査員や活動団体の

メンバーは、小学生から高校生まで、幅広い年代が活躍しています。こども審査員は、審査項目を決めるためには審査員の全員で話し合い、それぞれの意見をまとめなくてはなりません。小学生が伝えたいことをくみ取り、誰の意見を排除することなくまとめていく

ことは、とても大変なことですがそれがこども審査員の基本的な役割だと感じ、とても勉強になりました。

　私は、こども審査員を経験するまでは、自分の意見は何が何でも押し通し、他人の意見など聞くタイプではありませんでした。こどもファンドでは協調

「こうちこどもファンド」の魅力を全国に広げよう

性を身につけることができたおかげで、現在の事業（株式会社そーむ）においても従業員に伝えたいこと、やりたいことなどについて対話を通して相互理解を大切にしています。

高校を卒業すると、「こどもファンド」で活躍することはできなくなります。しかし、私は高校卒業後もOBとして「こどもファンド」の審査会や活動発表会を観に行っていました。そうは言うものの、事実上活動には関わることができなくなりました。

ところが10年という節目に、こどもファンドOB・OGがこどもファンドの活動発表会、こどもファンドフォーラムの運営にも関わることができるようになりました。急遽の呼びかけにもかかわらず、多くの人が運営スタッフとして協力してくれたことは、こどもファンドに何かしらの関わりを持ちたいというOB・OGの気持ちではないかと感じました。

これからのこどもファンドの未来展望は、4つあります。

1つ目は、「こどもファンドOB・OG会」の設立です。今のOB・OGで関わっているのは、こども審査員を経験したOB・OGだけで構成されています。こどもファンドに関わったすべてのOB・OGに今後もこどもファン
ドに関わりを持ってもらうため、「こどもファンドOB・OG会」を設立したいと考えています。

2つ目は、「こどもファンド全国大会」の開催です。いま全国各地で誕生しているこどもファンドで選抜された代表団体などで、企画力を競う「こどもファンド全国大会」など開催したら面白いと考えています。各地域で行われている取り組みや考え方、アイディアの発想や考え方の勉強にもなると思います。

3つ目は、「こどもファンド」に応募してくれる人を増やすためにも、出前授業やワークショップなどを実施して、まちづくりを身近なものに感じ、こどもファンドに興味を持ってもらえる仕掛けづくりをすればよいと考えています。

4つ目は、「こどもファンドフェス」の開催です。「こどもファンドフェス」やワークショップなどによって、まちづくりを身近なものに感じ、さらに多くの方々に「こうちこどもファンド」に関心を持っていただき、寄付数を増やしていきたいと考えます。

これからもOB・OGの活動を通して、「こうちこどもファンド」をバックアップし、応援していきたいと思います。

（けごや　まさる）

こども・
若者が主役
7

小さな一歩の踏み出しで
私の世界は変わった

土佐塾高等学校　**青木晴楓**

　私が初めて「こうちこどもファンド」に参加したのは、小学3年生の時こども審査員としてでした。周りには自分より年上の人しかおらず、しかも今までまったく関わったことのないまちづくりへの参加。その状況に緊張して発言をためらっていた私に、先輩のこども審査員や大人審査員の皆さんは、「どんなことでも大丈夫だよ」と、否定することなく私の意見を聞いてくれました。それがきっかけとなり、私のぼん

多様な人々と協働しそれぞれの課題を解決したい

やりとしたまちづくりへの興味は、「私でもまちづくりに関わることができるんだ。やりたい！」という明確な意思へと変わっていきました。

　その後、私は学校の友人にも声をかけ、「にじいろ発見隊」という地域づくりの活動団体を立ち上げました。たくさんの方に助言をいただき、たった３人のメンバーで地域をより深く知るためのマップを作り上げることができました。また、その活動が評価されて、活動発表会では「ベストこどもファンド賞」を受賞することができました。

　中学生の間は「こうちこどもファンド」での活動を休んでいた私でしたが、高校１年生の時、さらにまちづくりの知識を深めたいと思い、ふたたびこども審査員の活動に参加させていただきました。ひさびさの審査ながらも、プライベートでまちづくり活動を行ってきた経験により団体に寄り添った新たな視点から活動内容を評価することができました。また、かつて先輩方が私にしてくださったように、新しく入ってきたこども審査員が話しやすい雰囲気をつくろうと努めました。

　そして私は、「自分の地域のために何かをしたい」という志を持つ世界中の人を繋ぎたいと考えるようになりました。それは、「こうちこどもファンド」で「自分と同じ思いを持った人と、１つの目標へ向かっていくことの楽しさ」を知ったからです。「こうちこどもファンド」は、まず「自分の住むまちをよりよくしたい」というこどもたちの思いを否定することなく自由に成長させてくれます。その思いを行動に移し、そして実際目に見える成果につながることで、自主性と行動力を持った人間がどんどん育っていきます。このプラスの循環を見て、私はそんな輪を世界中に広げたいと思うようになったのです。

　今、私は SNS を用いて、海外の方に高知県の伝統工芸品や文化を伝える活動を行っています。その中には自国の文化について教えてくれる方もおり、小さい規模ではありますが、草の根の国際交流になっていると思います。互いの国の文化の共通点や補い合える点を見い出すことで、多様な人々と協働しそれぞれの課題を一緒に解決していけるのではないかと考えます。

　小学３年生の時、小さな一歩を踏み出したことで私の世界は変わりました。これからは「こうちこどもファンド」という自分の思いを自由にのびのび育てられる場所を守り続けながら、私も大勢のこどもたちの人生を変えるきっかけをつくっていきたいです。

（あおき　はるか）

「こうちこどもファンド」に、出会えてよかった！

高知大学　地域協働学部　**田部未空**

　今、私が高知に住んでいることを誇らしく思えること。高知の人、自然、文化、歴史、すべてのヒト・モノ・コトが大切で大好きだと胸を張って言えること。私の高知愛の始まりは「こうちこどもファンド」です。

　今から約11年前の春。中学校に入学したての私は、高知に特別な思い入れもなく、たまたま校長先生に推薦されたこどもファンドの「こども審査員」を引き受けることになりました。「こどもファンドってなんだ？」「こどもがこどもを審査する？」何もかも分からないまま審査会場に向かった私は、そこで同世代が堂々と「高知をもっと元

ファンドで出会ったカッコいい大人が見本

93

気にしたい！」と高知への愛と熱意溢れる発表を見聞きし、とにかく圧巻されっぱなしでした。その反面、私は自分の住んでいるまちのことをこんなにも熱く語れるのだろうか、と恥ずかしくもなりました。活動しているこどもたちを見ていると、「私も何か高知のためにできることをしてみたい！」という気持ちが芽生え、こども審査員の任期終了後の2年間、「Food Treasure Hunter in Namegawa!!」として活動しました。

活動団体としての2年間は新たな発見と、ワクワクの連続でした。決して楽しいことばかりではありませんでしたが、困難を乗り越えた先には自分にできることが増え、もっとやってみたいことがたくさん見つかりました。なにより、活動の中で出会ったたくさんの地域の方や大人、仲間に支えられ、いつしか、高知の「人」に夢中になっていました。いつかは「こどもファンドで出会ったカッコいい大人になりたい」という目標も見つけることができました。

中学校卒業後は、高知をもっと外から見て、地域活性を学びたいという思いから島根県隠岐郡海士町にある「隠岐島前高等学校」に進学しました。3年間授業や課外活動、休日などを使って、地域に出向き、島のカッコいい大人や

同世代から新たな刺激をたくさんもらいました。

高校卒業後は、高知大学地域協働学部に進学しました。高校の時に感じた、「もっと高知の魅力を言葉にして伝えたい」という思いから、一度高知に帰り、高知の人や文化をもう一度体感し、学びを深めています。

こどもファンドに出会って、私は高知のことが大好きで大切な場所だと思えるようになりました。これは、私を見守り、支え、応援してくれたたくさんの人に出会えたからです。

こどもファンドで出会った素敵な地域の方、一緒に活動してくれた仲間、いつもエネルギーをくれたこどもファンドの活動団体の皆さんやこども審査員、活動を支えてくれた大人の皆さん、そしていつも一番近くで応援してくれた家族。全ての皆さんとの出会いがあって今の私がいます。たくさんの方に育ててもらった23年間。次は私が未来あるこどもたちに地域の魅力や人の魅力を伝えていく番です。いつかカッコいい大人になれるように日々楽しんで、頑張っていきたいと思います。

「こうちこどもファンド」に出会えて、私は幸せです！

（たべ　みそら）

「こうちこどもファンド」
によるこどもたちの活動

畠中 洋行

2012 年度から 2021 年度の間に（ただし、2020 年度は「コロナ」禍で中止）、延べ 71 団体が助成を受けて活動してきました（詳細は参考資料 1.「こうちこどもファンド」によるこどもたちの活動一覧参照）。その取り組み内容は、テーマ別に分類すると「防災」「環境美化」「地域福祉」「食」「地域の魅力の再発見」「商店街の活性化」「アート」など、多岐にわたります。（図V-1、2、3、4、5、6、7、8 および 9）

図V-1　商店街シャッターの落書きを消す活動 (写真提供：高知市)

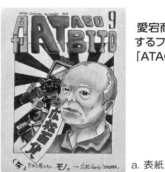

図V -3
愛宕商店街を紹介するフリーペーパー「ATAGOBITO」を発行

a. 表紙

図V-2　鏡川河川敷の清掃活動
(写真提供：高知市)

b. 内容抜粋ページ

a. 表面

b. 裏面

図V-4　エンディングカードを作成し配布

a. 表紙

a. 表面 　　　　　　　　　　b. 裏面

図Ⅴ-6　はりまや橋商店街を紹介する木製
　　　　うちわを作成し配布

図Ⅴ-5　地元のまちを紹介するMAPづくり

図Ⅴ-7　クイズで防災に関する啓発を行う
　　　　こどもたち（写真提供：高知市）

図Ⅴ-9　人間と動物の共生について問い
　　　　かけるこどもたち
　　　　（写真提供：高知市）

図Ⅴ-8　防災かまどベンチづくり

1.「防災」がテーマの活動 ―「逃げ地図」づくり

　近い将来必ず起こると想定されている南海トラフ地震に対するこどもた
ちの関心は高く、多くの団体がさまざまな工夫を凝らして取り組みを進めて
きました。例えば、「俄（にわか）芝居」を創作して、地域の人に津波
による人的な被害を減らすことの大切さを伝える中学生の団体、地域の詳

細な情報を記載した防災マップを作成して地域に配布する中学生の団体、避難所運営や炊き出し訓練を実施する高校生の団体、ガラス飛散防止フィルムの貼り方を周辺の小学校や保育所のこどもたちに教えに出かけた中学生の団体、学校が所有する畑に「防災かまどベンチ」を作り、畑で育てた作物を収穫し味わうことで防災食を考える小学生と中学生で構成された団体、「逃げ地図」を地域の人と一緒につくった小学生の団体等、本当に多岐にわたる取り組みがありました。ここでは、「逃げ地図」づくりに取り組んだ団体の活動の概要を紹介します。

「逃げ地図」づくりに取り組んだのは、高知の市街地から約 10km 北に

図V-10　大きな地図を囲んで作業している様子

ある標高約300mの山に立地する久重（きゅうじゅう）小学校の6年生のこどもたち。

　小学校の体育館では、こどもたちの呼びかけに応じて集まった地域の人たちと一緒になって、地域の住宅地図を拡大した大きな地図を囲み、まずは自分の家の位置と避難所・避難場所の位置を書き込み、それぞれの避難ルートを確認します（図Ⅴ-10）。

　そして、マニュアル（図Ⅴ-11）[注1] をもとに、高齢者が1分で歩ける距離を基本に3分単位で色分けして避難ルートに色をぬります（図Ⅴ-12）。そうすることで、避難所・避難場所まで何分で逃げられるかがわか

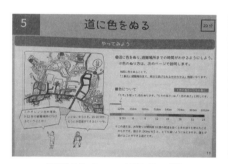

図Ⅴ-11　マニュアルの一部

図Ⅴ-12　避難ルートに3分単位の色分け

図Ⅴ-13　地図に書き込まれた情報

図Ⅴ-14　発表している様子

（注1）「防災教育のための逃げ地図づくりマニュアル」（日建設計ボランティア部、明治大学山本俊哉研究室、千葉大学木下勇研究室、子ども安全まちづくりパートナーズの共同研究による発行）

る地図ができます。

　次に、ハザードマップを見たり、地域の人たちとの話し合いをもとに、このルート沿いの問題箇所等の情報を地図に書きこみ、どう対応したら良いのかについて、皆で話し合います（**図V-13**）。最後に、皆で話し合った内容や気づいたことなどを発表しあって終了です（**図V-14**）。さらに、後日、「逃げ地図」に書き込まれた情報等を確認するため、地域の人たちとともに現場に出かけるという取り組みでした。

2.「環境美化」がテーマの活動
―「絶海（たるみ）池」クリーンアップ

　「環境美化」に関しては、学校周辺の道路沿いを花いっぱいにする中学

（写真提供：高知市）

（写真提供：高知市）

図V-15　水路のゴミを拾うこどもたち

生の活動、地域にある自然学習林を清掃する小学生の活動、市内を流れる鏡川河川敷の清掃を継続的に行いゴミの分布の様子の変化を記録する中学生の活動、地域に昔からある「ため池」をきれいにしようと取り組みを進める中学生の団体活動等がありましたが、ここでは、「ため池」をきれいにする活動を紹介します。

　取り組んだのは、高知の市街地から約7km、五台山の北麓にある青柳中学校のこどもたち。学校の近くにある「絶海池」というため池は、昔はきれいでたくさんの生き物がいたけれど、周辺の住宅からの下水や農地から発酵した藁が流れ込み、次第に汚れてきて、現在では、ペットボトルや廃棄された自転車・家電製品といったものまで見受けられるようになりました。

　この現状をなんとかしたいと、こどもたちは立ち上がり、まずは全校生徒に呼びかけ「クリーン大作戦」と銘打って取り組みを始めました。「絶

図Ⅴ-16　拾ってきたゴミ

海池」は広くて深いこともあって、安全面を考え池に流れ込む何本かの水路で行うことに（**図Ⅴ-15**）。

　最初の「クリーン大作戦」の時には、自転車や農業用のビニール、ハウス用の重い支柱などが捨てられていて、学校まで運ぶのにたいへんでした（**図Ⅴ-16**）。その後、年に2回「クリーン大作戦」を実施する過程で、地域の人たちも参加するようになりました。また、拾ってきたゴミの量を競って賞品をもらえるといった、ゲーム性も取り入れ、皆で楽しみながら取り組みを進めるようになりました。

　さらに、「絶海池」の現状や「クリーン大作戦」のことを地域に伝える「絶海池新聞」（**図Ⅴ-17**）の発行も行いました。こうした3年間の取り組みが評価され、文部科学大臣賞を受賞しました。

図Ⅴ-17　絶海池新聞

3.「食」がテーマの活動
――「食のカタログ」づくりを通して地域とつながる

　「食」に関しては、先に触れた学校が所有する畑に「防災かまどベンチ」を作り、畑で育てた作物を収穫し味わうことで防災食を考える小学生と中学生で構成された団体、里山に存在する「有用植物」^{注2）}を採取し調理してレシピ化する小学生・中学生・高校生で構成された団体（詳細は第Ⅴ章5を参照）、「食のカタログ」づくりを通して地域の人との繋がりづくりを目指した中学生の団体がありました。ここでは「食のカタログ」づくりの取り組みを紹介します。

　取り組んだのは、高知の市街地から約10kmの山間にある行川（なめがわ）中学校（現在は義務教育学校行川学園）のこどもたち。この中学校は校区内のこどもが減少したこともあって、校区外からのこどもを受け入れることが可能な特認校指定を受けた学校です。活動メンバーの3分の2が校区外から通学しているため、自分たちが何か地域のためになることをしてみたいけれど、地域のことをよく知らないという悩みがありました。

a. 表紙

b. レシピ

c. レシピ

図Ⅴ-18 「食のカタログ」

そこで、メンバーが考え出したのが、地域で昔から作られてきた郷土料理を地域の人から教えてもらうことを通して、地域の人とのつながりを創り出そうという方法でした。地域の老人会や町内会などいろいろな組織に声かけをし、協力を得て実際の料理作り体験をしながら、教えてもらった料理のレシピを書き起こして「食のカタログ」にまとめました（**図V-18a.b.c**）。カタログが完成すると、地元の公民館に、教えてもらった皆さんに集まってもらい、「食のカタログ」を手渡すとともに、カタログのレシピをもとに作った料理も準備して、交流を深めました。

（注2）衣食住において人間生活に役立つ植物のこと（「日本大百科全書」より）。

4.「地域福祉」がテーマの活動
―団地の空き地で育てた野菜で高齢者と交流

　活動の中で高齢者との触れ合いを行ってきた団体はいくつかありましたが、ここでは、主として自分たちで育てた野菜を介して地域の高齢者とのつながりを大切にする取り組みを進めた団体を紹介します。

　取り組んだのは、高知の市街地から約7kmのところにある、51年前（1972年）に開発された住宅団地（瀬戸東町）に住む小学生・中学生・高校生で構成されたメンバー。団地内に空き地があり、そこを借りて野菜をつくることで（**図V-19 および図V-20**）、楽しく仲間（こどもも大人も）が増えるといいなという思いから始まりました。

　ある時、団体の大人サポーターが、地域の老人クラブの会長さんから「働く世代のお父さんやお母さんが仕事でいない時に、こどもたちを守れるのは私たちだから」という話を聞いて、「逆に高齢者を守れるのはこどもたちなのかもしれない」と気づきました。そこで、こどもたちと高齢者の日頃からの関係性づくりが大切だということになり、こどもたちは自分たち

で育てた野菜を、いつも公園の清掃をしてくれている老人クラブの皆さんにプレゼントするようになりました（**図V-21**）。こどもたちが育てた野菜を使った料理を準備して、老人クラブの皆さんとの交流会も開催しました。また、ひとり暮らしの高齢者の家を民生委員さんと一緒に訪問し、野菜をプレゼントしたり、高齢者の施設に野菜を届けたりするようになりました（**図V-22**）。こうした3年間の活動を通して、大人サポーターから「こどもも大人も『知っているだけの人』から『声のかけあえる身近な人』へと変化していきました」という話もあるなど、この活動が地域福祉の基本的な取り組みへと育ってきたと言えるのではないでしょうか。

図V-19　野菜の世話をしているこどもたち

図V-20　ナスを収穫しているこども

図V-21　老人クラブに野菜をプレゼント

（写真提供：瀬戸東町1・2丁目元気キッズ）

図V-22　高齢者施設に野菜をプレゼント

5．現場ドキュメント「こどものチカラが地域を変えた！」
─久重 youth（わかもの）部会誕生までの軌跡

　ここでは、第Ⅴ章の１でも取り上げた久重小学校が立地する久重地域（久礼野地区と重倉地区の総称）において、小学生・中学生・高校生で構成する「久重 natural チーム」という団体の取り組みと、その取り組みを進めていくプロセスを紹介します。

　地域の人たちと関わりを深めることにより、地域の人たちが「こどものチカラ」を信じるようになり、共に動くことの大切さに気づき、ついには地域自治組織である「久重地域連携協議会」の部会の１つとして、「久重 youth（わかもの）部会」を立ち上げるに至りました。

（１）久重地域のこどもたちの活動の経緯

　久重地域のこどもたちが活動を始めたのは 2016 年度からでした。2017 年度までの２年間は久重小学校の６年生のみで構成された団体での

図Ⅴ-23　「有用植物」のことを教えてくれている地域の人

活動で、大人サポーターは久重小学校の先生が担っていました。最初の年は、地域で生活している外国人やALT（外国語が母国語である外国語指導助手）のメンバーの協力を得て、いろいろな国の料理を楽しみながら「国際色豊かな久重地域」を目指そうというのが主な取り組みで、次の年は、前述の第Ⅴ章の1の「逃げ地図」づくりの取り組みでした。

2018年度からは、久重小学校主体から地域主体の活動へと進展し、大人サポーターも保護者や地域の人が担うことに。そして、過去2年間で活動を経験したこどもたち（中学生←この本の執筆時点では高校生になっています）が主となり、新たに参加する小中学生をリードする形で「久重naturalチーム」という団体をつくり、取り組みをスタートさせることになりました。

（2）「久重地域の魅力を再発見しよう」という取り組みを展開

これまで2年間の活動をふまえて、「自分たちが暮らしている久重地域の魅力って何だろう？」「久重地域には自然や食べ物や人などいろいろな魅力がありそう」ということで、地域の人たちと話し合う場を設けました。その中から、久重地域は標高約300mのところにある、人と自然が共生してきた里山で、里山を大事に守り育ててきた地域の人から、「地域の人もあまり知らないけれど久重地域は食べられる有用植物（前出注2参照）の宝庫なんだよ」と教えてもらいました（図Ⅴ-23）。

そこで、2018年度は「豊かな里山の四季の食材を発見し、久重のごちそうを広めよう！」というテーマで活動を始めました。夏の活動では、地域の人たちと一緒に里山ウォークをしながら（図Ⅴ-24）、「ノカンゾウ」（図Ⅴ-25a.b.c）という野草を採取して（図Ⅴ-26）、フリッター（洋風の天ぷら）にしたものをおむすびの中に入れた「天むす」をつくりました（図Ⅴ-27、28および図Ⅴ-29）。その他にもタンポポの葉を入れた「タンポポのチヂミ」もつくり（図Ⅴ-30）、皆で試食を行いました（図Ⅴ-31、32および図Ⅴ-33）。

秋には「アケビの煮物」や「ムカゴご飯」ほか、1月には春の野草を使っ
た「七草がゆ」などをつくって地域の人と試食し楽しみました。こうした
活動の成果として、「レシピ集」（図V-34a.b）が出来上がりました。

　2019年度には、「空と大地の恵み豊かな久重の魅力を多くの人に伝え
よう〜星空観察と保存食でまちを元気に！〜」というテーマで活動を行い、
久重から眺める星空の魅力と保存食の魅力（四方竹のメンマや里山ピザ、

図V-24　里山ウォークの様子

a. ノカンゾウのつぼみ

b. ノカンゾウの花

c. 水洗いしたノカンゾウ

図V-25　ノカンゾウ

さらに9種類の有用植物を乾燥しブレンドしてつくった野草茶のレシピを掲載）を冊子にまとめました（図Ⅴ-35a.b.c）。

2020年度は「コロナ」禍のため中止に。そして、2021年度には、「里山保全で久重を発信！〜SDGsで持続可能なまちづくり〜」をテーマに、地域を流れる川に住む生き物の環境のことや川に優しい暮らしへの取り組み方などを学び、ホタルの住む環境の大切さを伝える活動を行いました。

2022年度には、「久重の里山の魅力再発見プロジェクト①〜SDGsで持続可能なまちづくり〜」というテーマで、地域の川に入ったり魚を釣り上

図Ⅴ-26　ノカンゾウを採取

図Ⅴ-27　フリッターづくりに挑戦

図Ⅴ-28　天むすづくりに挑戦

図Ⅴ-29　できあがった天むす

図V-30　タンポポのチヂミづくり

図V-32　当日貼り出された
活動の日程表

図V-31　皆で試食している様子

図V-33　林の中に張り出された模造紙に書かれたレシピ

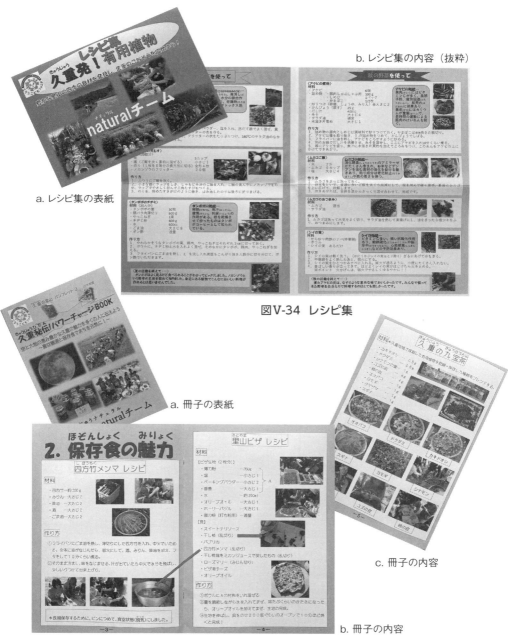

b. レシピ集の内容（抜粋）

a. レシピ集の表紙

図Ⅴ-34　レシピ集

a. 冊子の表紙

c. 冊子の内容

b. 冊子の内容

図Ⅴ-35　2019年度発行の冊子より掲載（四方竹のメンマ、里山ピザ、野草茶）

げて、生息する生き物調べをしたり（**図Ⅴ-36a.b.c および図Ⅴ-37**）、防災ミニデイキャンプなども行い、災害時にも料理に役立つ有用植物を学ぶ料理体験も行いました（**図Ⅴ-38**）。さらに地域に自生する「オニタビラコ」という野草を使った傷ぐすり（軟膏）もつくりました（**図Ⅴ-39 および図Ⅴ-40a.b.c.d.e.f**）。

図Ⅴ-36　川の生き物調べの様子（写真提供：久重naturalチーム）

久重の川にすむ生き物調べ

久重地域の川は、やがて海に流れていきます。2021年度、(株)相愛さんから学んだ「川は循環している」「川に住む生き物の環境」「川にやさしいくらし」について考えてみました。久重の川にすむ生物の種類を調べることで、その川がきれいか、汚れているか水質を知ることができます。（水生生物による水質検査）
　2022年度は久重地域の川にすむ生物を調べてみました。

学んだスコア値から、久重の川に生息するサワガニ、ホタルの幼虫、カワニナなどは、水質のきれいな川にいることが分かりました。高知市中心部を流れる鏡川の上流部の里山環境をこれからも守っていきたいです。久重の里山でずっとホタルといっしょにくらせるように、ホタル保全の活動に取り組んでいきます。

ホタル観察会に来た小学生親子のみなさんに私たちの取り組みや久重の魅力を発信しました。野草をいっしょに探したり、ホタルを観察したり交流をしました。

1

図Ⅴ-37　川の生き物調べをまとめた冊子（抜粋）

図V-38 防災ミニデイキャンプの様子（冊子から抜粋）

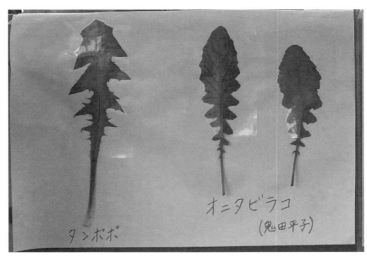

図V-39 「オニタビラコ」

図Ⅴ-40　里山の傷ぐすりづくりの様子

115

（3）活動のヒントは「久重のまちづくり計画」の中から

　こうしたこどもたちの活動に共感する形で、地域内のさまざまな知恵や技を有する大人たちの協力の輪がじわじわと広がっていきました。例えば、有用植物に詳しい人、有用植物の調理方法を一緒に考えてくれる管理栄養士の資格を持つ人、保存食や里山ピザの作り方を教えてくれる料理人、地域に立地する会社の職員で水性生物や植物に詳しい人たちなど。

　なぜこのように地域の大人たちがこどもの活動に積極的に協力してくれるようになってきたのか、それは「久重のまちづくり計画」とも深く関係しています。

　高知市では 1994 年度から、主に小学校区単位で「コミュニティ計画」づくりに取り組んできました。地域の人たちが集まり、ワークショップを重ねながら、地域の課題や魅力等を見つけ出し、将来の地域のあり方を考

図V-41　「久重のまちづくり計画」表紙

図V-42　「久重のまちづくり計画」の「食の魅力再発見」ページ

え、それに向けて地域としてはどんなことに取り組むか、行政としてはどのような支援が可能かといったことを整理して、計画書としてまとめます。

久重地域では、2015年12月に、久礼野地区と重倉地区が一緒になって「久重地域連携協議会」注3）を設立し、地域の人たちの参加を得て、2016年10月から2017年6月までに8回のワークショップを重ね、今後5年間の取り組みをまとめた「久重のまちづくり計画（2017～2021）」がつくられました（**図V-41**）。

（注3）地域内連携協議会とは：おおむね小学校区を範囲に、地域内で活動する個人・団体・事業者などが緩やかにつながり、地域内の現状や課題を共有するとともに、課題の解決に向けて地域内で互いに連携・協力していくため「地域連携のプラットフォーム」となる組織です。高知市では、地域が築き上げてきた住民同士の助け合いを継続し、地域内での連携・協力による地域課題の解決を目指して、「地域コミュニティの再構築」に取り組んでおり、その一環として「地域内連携協議会」の設立を提案しています（高知市公式ホームページより）。

図V-43 「久重のまちづくり計画」の「光の魅力再発見」ページ

図V-44 「第2期 久重のまちづくり計画」表紙

各家庭に配布されたこの計画書を目にした「久重 natural チーム」のこどもたちは、2018 年度の活動内容を考える時に、メンバー全員がこの計画書を持ち寄って、計画書に書かれている内容をみて皆が興味のある項目を出し合う中から、「食の魅力再発見」に挑戦してみようということになりました（**図 V-42**）。

　そこで、計画づくりにも参加した有用植物に詳しい人から話を聞き、「豊かな里山の四季の食材を発見し、久重のごちそうを広めよう！」というテーマで活動することになったのです。

　そしてその次の年からも、この計画書に書かれている内容の中から、「光の魅力再発見」（**図 V-43**）など、こどもたちが「やってみたい！」と思ったことを選び出し、その都度そのことに詳しい地域の人から話を聞き、実践に移していくことを重ねてきました。

　そうしたこどもたちの動きに、「久重地域連携協議会」のメンバーをはじめとする地域の人たちが少しずつ刺激を受け、こどもたちの取り組みに一緒に参加したり、知恵や技を持ち寄って協力したりするようになりました。

　活動をともにした大人の人たちにとっても、これまで知らなかった久重の魅力に気づくとともに、どのようにすればこの魅力を保つことができるのか、魅力を活かして地域を元気にするにはどうしたらいいのかといったことを考える機会になったと言えます。

（4）「久重 youth（わかもの）」部会の誕生

　「久重のまちづくり計画（2017 〜 2021 年）」が 2021 年度で計画期間が終了するのを受けて、2021 年 7 月から「第 2 期 久重のまちづくり計画」づくりのワークショップが始まりました。

　1 回目のワークショップに参加した地域の人たちが驚いたのは、参加者の約 3 割が小・中・高校生だったからです。これは第 1 期の計画づくりの際にはなかったことでした。自己紹介の際に、ある高校 1 年生（小学生の時からこどもファンドの活動をしてきたこども）が、「この計画では 5

年後の在り方を考えようとしていますが、5年後には僕は20歳を超えます。だから、他人ごとではなく、自分たちの地域の近い未来のことに責任を持って、皆さんと一緒に考えたいと思います」と語る姿に、地域の大人の人たちは感動の拍手を送っていました。

　その後、「コロナ」禍の影響でワークショップの開催間隔が空いてしまう時期もありましたが、2023年2月までに、9回のワークショップが開催され、「第2期 久重のまちづくり計画（2023〜2027年）」がまとめられました（図Ⅴ-44）。

　毎回40〜50人の参加者のうち10〜15人が「久重naturalチーム」のメンバーで、グループごとに話し合いをする際には、こどもたちは数人ず

a.　　　　　　　　　　　　　　　b.

c.　　　　　　　　　　　　　　　d.

図Ⅴ-45　ワークショップで活躍するこどもたち

つ別れてグループに入り、自分たちの意見を述べるだけではなく、地域の人の意見を聞いては付箋に書き出し模造紙に整理して貼り出す作業も担っていました。そしてグループで話し合った内容を発表する際には、発表役も担っていました（図Ⅴ-45a.b.c.d および図Ⅴ-46a.b.c.d）。

　こうして毎回活躍するこどもたちの姿や、大人ではなかなか考えが及ばないような具体的なアイデアを出してくれるこどもたちの姿をみて、地域の人たちのこどもたちに対する信頼感と期待感が高まってきたと言えます。そのことが反映された「第2期 久重のまちづくり計画」では、地域全体でこどもの主体性を育てる取り組みを応援すること、こどもたちと一緒にさまざまな取り組みを進めていくことなどがまとめられています（図

a.

b.
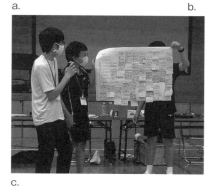
c.

d.

図Ⅴ-46　グループで話し合った内容を発表するこどもたち

Ⅴ-47）。

9回目のワークショップが計画づくりの最後の話し合いになると知った
こどもたちは、「これで皆と話し合いできる場が終わってしまうのは寂し
い。これからも皆が集まって話し合いできるようなことができないかなぁ」

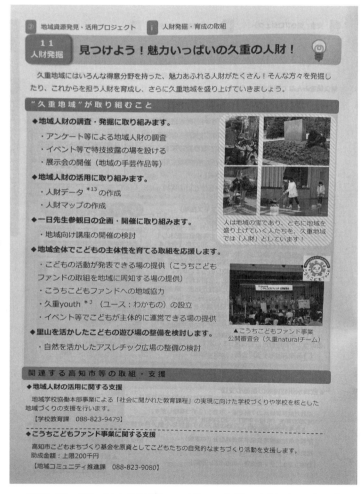

図Ⅴ-47 「見つけよう！魅力いっぱいの久重の人財！」のページ

とつぶやきました。それを聞いた大人サポーターが、こどもたちの思いを
なんとか実現できないかと動き、「久重地域連携協議会」の会長に相談し
たところ、久重地域連携協議会にはいくつかの部会があるけれど、そうし
た部会の1つとして、こども主体の部会を立ち上げてみたらという提案を
もらいました。そして、そのことをこどもたちに伝え、こどもたちが考え
た部会名が「久重 youth（わかもの）」部会。

図V-48 「久重youth（わかもの）」部会の発足会の様子

　こうして、「久重地域連携協議会」の役員会で承認され、「久重 youth（わかもの）」部会は 2023 年 4 月から正式にスタートすることになりました。「久重 youth（わかもの）」部会の掲げる目的等に関しては、地域で発行されている「久重地域連携協議会ニュース」の中で、下記のように掲載されています。

> ## 「久重 youth（わかもの）」部会とは
>
> 　2023 年 4 月、「久重地域連携協議会」の部会として結成。久重地域のテーマ「豊かな里山 次代へつなげ！」をもとにこどもの視点で久重のまちづくりに参画すること、こどもが考えこどもが想像し協力し合って「豊かな里山を未来につなげる」ことを目的としています。久重地域に関わるこども・若者（地域在住、久重小学校に通学する児童、卒業生、29 歳まで）、目的に賛同する者がメンバーとなります。「久重 youth（わかもの）」部会は、こどもたちがアイデアを出し合いメンバーと協力し、地域の方々と手を取り合って里山保全と久重のまちづくりに関わりたいとの思いから発足しました。この活動を通して期待される力は、主体的に行動する力、一歩を踏み出す力、他者から認められる経験…などがあげられます。こどもにとって大人も環境の一部です。こどもと共に里山体験を通して、こどもたちを見守ってください。

　2023 年 4 月 29 日に開催された発足会には（**図V-48a.b**）、小学生 5 人・中学生 4 人・高校生 7 人・大学生 1 人の合わせて 17 人が参加。また、保護者や「久重地域連携協議会」の会長をはじめ各部会のメンバー合わせて 17 人の大人も参加していました。参加者の自己紹介から始まり、この部会が生まれた経緯の説明、部会のルール説明の後、役員が選ばれました。部長 1 人・副部長 2 人・会計 1 人、全員高校生が務めることになりました。選ばれた役員は、これまでは大人メンバーで構成されていた「久重地域連

携協議会」の役員会にも参加することになります。

　役員が決まった後は、部会としてこれからやってみたいことについて話し合い、いろいろなアイデアが示されました。こどもたちからは、アイデアを実現するためには、自分たちだけのチカラではできないこともたくさんあると思うので、大人の人のチカラも貸して欲しいというお願いがありました。それに対して大人の参加者からは、いつでも相談してほしい、そして「楽しく」を基本に取り組みを進めてほしいとエールが送られていました。

　発足会に参加した大人メンバーの「これまでは地域の大人がこどもを育てるという意識で取り組みを進めることはあったけれど、こどもの意見を聞くといったことはなかった。こどもたちがこうして育ってきて、自分たちで企画も活動もできるようになったことはすごいこと。これからはこども主体の活動を大人も応援していきたい」という感想が、これからの久重地域におけるこども主体のまちづくりの可能性を示唆していると言えます。

久重naturalチーム 2023年度の「博報賞」を受賞

　「博報賞」は、児童教育現場の活性化と支援を目的として、博報堂教育財団設立とともにつくられました。「ことばの力を育むことで、子どもたちの成長に寄与したい」そんな想いを核として、日々教育現場で尽力されている学校・団体・教育実践者の「波及効果が期待できる草の根的な活動と貢献」を顕彰しています。（博報堂教育財団ホームページより）

　久重 natural チームの取り組みは、「地域の文化や地域について学ぶ中でその良さを見出し、発展させようとする人材の育成につながる活動」という「日本文化・ふるさと共創教育」という活動領域における受賞です。

「こうちこどもファンド」
10 年の成果

畠中 洋行
卯月 盛夫

2012 年度から始まった「こうちこどもファンド」の取り組みが 10 年を経過したことをふまえ、これまでの取り組みの検証を行い今後のあり方を検討して市長に提言するため、2021 年度に検討委員会（正式名称は高知市まちづくり活動検討委員会）のメンバーが集められました。

　検討委員会では、これまでに活動してきたこどもたちとその保護者ならびに大人サポーターに対するアンケート調査、こども審査員を経験したこどもたちとその保護者に対するアンケート調査、寄付をしていただいた方々に対するアンケート調査、「市民ウェブモニター」^{注1)}に対するアンケート調査も実施し、その結果をふまえた検証を行う中から、次に述べるような成果が明らかになりました。

（注 1）　市民ウェブモニターとは「高知市内に住んでいるか、市内に通勤・通学している」18 歳以上で、事前に登録してもらった市民にインターネット環境を使って簡単なアンケートに回答してもらう制度。（出典：高知市ホームページより）

1．活動したこどもたちの成長

　10 年間で活動したこどもは延べ 1,868 人（重複者を含む）にのぼりますが、その中から配布が可能な 216 人にアンケート調査を行い、76 人から回答を得ることができました（回答率 35.2％）。

　「活動をして良かったか」との問いに対して全員が「良かった」と答えていました。そして、いくつかの質問項目について、活動する前と後の意識の変化を「1. そう思わない〜 5. そう思う」の 5 段階の数字で答えてもらい、前後の平均値を比較しました。

　その結果、「大人の知り合いが増えたか」という問いに対しては 1.06 ポイントアップ（図Ⅵ -1）、「大人と一緒にまちづくりをすることは楽しいか」に対しては 0.86 ポイントアップ（図Ⅵ -2）、「まちづくりは面白いか」に対しては 0.77 ポイントアップ（図Ⅵ -3）、「まちのために役立ちたいか」

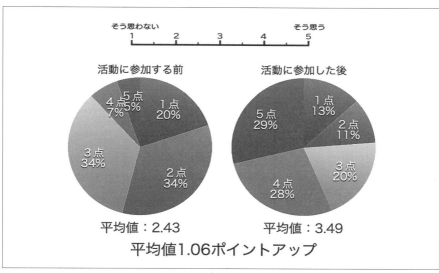

（出典：高知市まちづくり活動検討委員会からの答申書より）

図Ⅵ-1 大人の知り合いが増えたか

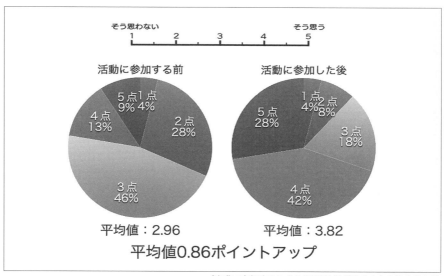

（出典：高知市まちづくり活動検討委員会からの答申書より）

図Ⅵ-2 大人と一緒にまちづくりをすることは楽しいか

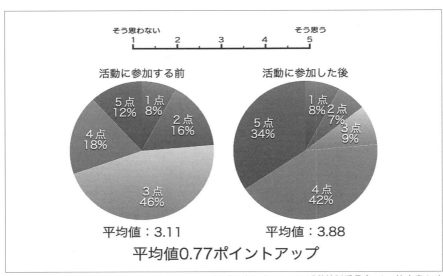

（出典：高知市まちづくり活動検討委員会からの答申書より）

図Ⅵ-3　まちづくりは面白いか

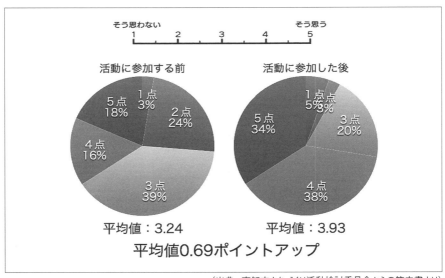

（出典：高知市まちづくり活動検討委員会からの答申書より）

図Ⅵ-4　まちのために役立ちたいか

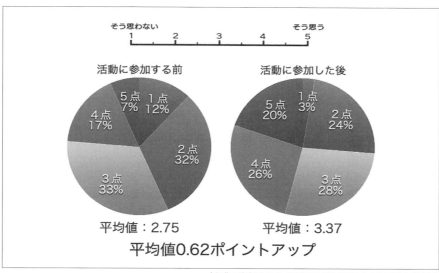

（出典：高知市まちづくり活動検討委員会からの答申書より）

図Ⅵ-5 ニュースに関心を持つようになったか

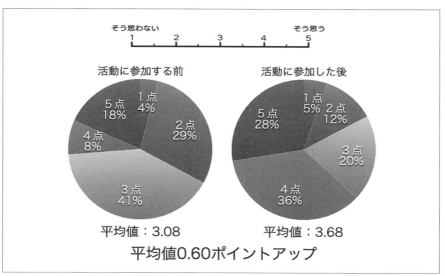

（出典：高知市まちづくり活動検討委員会からの答申書より）

図Ⅵ-6 大人と話すのは楽しいと思えるようになったか

に対しては 0.69 ポイントアップ（図Ⅵ-4）、「ニュースに関心を持つようになったか」に対しては 0.62 ポイントアップ（図Ⅵ-5）、「大人と話すのは楽しいと思えるようになったか」に対しては 0.60 ポイントアップ（図Ⅵ-6）といった具合に、11 の質問すべてにわたってポイントがアップしており、こどもたちの成長の様子を感じられる意識の変化が見られました。

　また、活動を経験したこどもたち（こども審査員経験者も含む）のその後の様子を見てみると、「育ってきているな」と感じさせられるメンバーが存在しています。

　例えば、第Ⅴ章の３のところで紹介した「食のカタログ」づくりに取り組んだ中学３年生（ちなみに彼女は「とさっ子タウン」元市民）。彼女は高校進学に際して、「自分は高知のことが好きで高知のため、地域のために何かしたい、でも今の自分には知識も経験もないから何ができるのかわからない。だから、そういうことが学べる高校に行きたい」と進学先を検

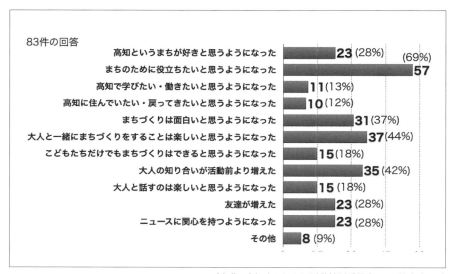

83件の回答

高知というまちが好きと思うようになった	23	(28%)
まちのために役立ちたいと思うようになった	57	(69%)
高知で学びたい・働きたいと思うようになった	11	(13%)
高知に住んでいたい・戻ってきたいと思うようになった	10	(12%)
まちづくりは面白いと思うようになった	31	(37%)
大人と一緒にまちづくりをすることは楽しいと思うようになった	37	(44%)
こどもたちだけでもまちづくりはできると思うようになった	15	(18%)
大人の知り合いが活動前より増えた	35	(42%)
大人と話すのは楽しいと思うようになった	15	(18%)
友達が増えた	23	(28%)
ニュースに関心を持つようになった	23	(28%)
その他	8	(9%)

（出典：高知市まちづくり活動検討委員会からの答申書より）

図Ⅵ-7　「活動したことによって、こどもたちにどのような変化が
　　　　 あったと思うか」（複数回答可）

討していたところ、島根県の隠岐諸島の海士（あま）町にある隠岐島前高校が「地域の課題を認識し、地域に貢献する人を育てる」という理念をかかげているということを知り、家族で相談のうえこの学校への進学を決めたのです。同高校で3年間学んだ彼女は、高知に戻ってきて高知大学の地域協働学部に進学し、さまざまな活動に取り組んでいます。

　また、世界で活躍する人材を高知から育てようという取り組み「龍馬フロッグス」注2) の1期生として、こどもファンドで活動した2人の高校生の提案が選ばれ、1年間の起業研修に挑戦するといったケースもあり、「こどもファンド」での経験が次の活動へのステップアップにつながっていると言えます。

（注2）　龍馬フロッグスとは、次世代の地域リーダーとなる学生を育てる取り組み。フロッグスは沖縄を皮切りに全国に広がる非営利活動で、高知では企業や教育関係者の有志がスタートした。（出典：2023年12月14日高知新聞の記事より）

2．サポートした大人たちの変化

　こどもたちを支える大人サポーターとして直接活動に関わった大人は、10年間で延べ321人（重複者を含む）にのぼりますが、それ以外にもこどもたちの働きかけで活動に参加したり、間接的に活動を応援してくれた地域の諸団体の大人の人たちもたくさんいます。その中から配布が可能な272人にアンケート調査を行い、83人から回答を得ることができました（回答率30.5％）。

　「こどもと一緒に活動をして良かったか」との問いに対して、こどもたちと同様に全員が「良かった」と答えていました。そして、「活動したことによって、こどもたちにどのような変化があったと思うか」のという問いに対して、「まちのために役立ちたいと思うようになった」（69％）、「大人と一緒にまちづくりをすることは楽しいと思うようになった」（44％）、

「大人の知り合いが活動前より増えた（42％）、「まちづくりは面白いと思うようになった」（37％）といった回答が多く示され（**図Ⅵ-7**）、こどもたち自身の回答を裏付ける内容でした。

　また、「こどもが活動することによって大人や地域に変化（影響）はあったか」との問いには、「こどもと一緒に考える機運が高まった」（56％）、「これまで知らなかった方と知り合いになれた」（55％）、「地域の人が気軽に声をかけてくれるようになった」（54％）、「地域の催しに参加してほしいという声かけが増えてきた」（48％）という回答が多く示されたことから（**図Ⅵ-8**）、こどもの活動を支援する大人とこどもとの関係性が次第に強くなり、こどもの活動をきっかけにして、ゆっくりではあるけれど地域の大人たちがつながり始めていることを感じられます。

　第Ⅴ章の５で述べた久重地域での取り組みの展開に見られるように、

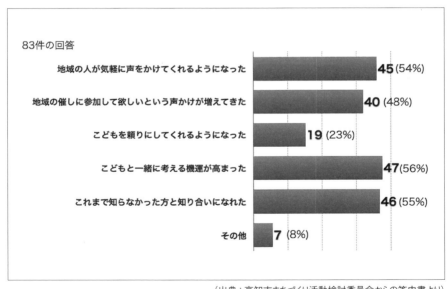

（出典：高知市まちづくり活動検討委員会からの答申書より）

図Ⅵ-8　「こどもが活動することによって大人や地域に
変化（影響）はあったか」（複数回答可）

地域の大人がこどもの活動を数年間支援する間に、こどもたちとの関係が強くなり、これまでは大人中心の地域のまちづくりを話し合う場に、こどもたちも参加するようになり、多世代交流を超えて、多世代コミュニティを構築しようとしている事例も出てきています。

3. こども審査員の成長

10年間で、審査活動をしてくれたこども審査員は合計48人います。その中には、小学生から高校生になるまで8年間経験したこどもが2人、7年間経験したこどもが2人いて、長期的に審査にかかわるこどもたちも比較的多いです。また、兄弟姉妹で審査員をしたケースも3事例、まちづくり提案活動とこども審査員の両方を体験したこどもたちも少なくありません。

2022年度に行ったアンケート結果によると、まずこども審査員の活動に参加してよかったかの設問に対しては、100%が「はい」と回答しています。また参加の理由（複数回答）については「いろいろなことにチャレンジしたかった」が75％、「面白そうだと思った」が60％と、新たなことへの積極性が窺えます。審査員活動で学んだこと（複数回答）に対しては、「自分の考えを表現すること」「意見交換の大切さ」「地域のためになることの大切さ」がいずれも65％、「人と関わることの大切さ」が60％、「コミュニケーションする力」が55％となっていて、地域のために、自分の考えを表現し、他者とコミュニケーションする必要性を感じているようです。

さらに、活動前後の意識の変化に関するアンケート調査（2020年）では、その傾向は顕著に表れています。とくに「まちづくりはおもしろい」「まちのために役立ちたい」の設問に対しては、活動前は「普通」（3.25、3.38）だったこどもが活動後には「そう思う」（4.63、4.75）に変化し、1.38および1.37ポイントアップしたことは注目できるでしょう。

さらに個別のヒアリングにおいても「高知が大好き！」「高知を全国に宣伝したい！」「高知のために働きたい！」という強い地域アイデンティティを有していることがわかりました。個人的には、大学で地域づくりを学びたいというこどもが数人いたことが大変嬉しかったです。

　こども審査員の保護者アンケートで「こども審査員をしてよかったこと」（複数回答）を聞いたところ、「問題意識を持って行動・発言ができるようになった」が70%、「自発的に行動ができるようになった」が62.5%と、こどもの主体性や自発性を評価するものが多かったです。

　こども審査員の活動を通じて、こどもたちは高知の地域づくりに強い関心を持つわかものに成長しました。この若者たちにどのような次の活躍の舞台を設定するかが、現在高知に問われています。この件については、また第Ⅶ章でお話します。

４．寄付をした企業などの思い

　これまでの助成10回で、こどもたちの活動を支援した助成金の総額は1,086万円(延べ71件、1件あたりの平均15.2万円)です。この金額で、10年にわたり数千人規模のこどもたちが地域のために自主的に活動をしてきたことは、きわめて効率の良い税金の使い道です。しかし、もっと驚くべきことがあります。それは、この間の寄付金総額が、なんと1,337万円余(企業延べ154社、個人延べ51件)で、実はこの金額は助成金の総額を上回っているのです。つまり、実質的には高知市の税金をまったく使わずに、寄付金だけでこのこどもたちの活動が展開されてきたと言えるのです。税金を費やしてもかなり評価できるこの事業が、地域の企業と個人の寄付だけでその活動すべてが賄われているとは、これはもう驚嘆に値します！

　そこで、これまで寄付をしていただいた企業を訪問し、インタビューを

実施しました。お会いした方々は、「こどもたちには、高知のまちのことをもっと知って欲しい！地域の仕事（企業活動）に関してももっと興味を持ってほしい！そのためには企業としてできるだけのことをしたい！」と異口同音に発言されていました。寄付というお金だけの支援ではなく、こどもたちの活動に企業としてもお手伝いできるのではないか、もっと企業に情報を発信していただけば、できることがひろがるのではないかという積極的なアドバイスもいただきました。個人的には、企業の税対策として寄付をされている企業が多いのかと思っていましたが、まったくそうではなかったことに驚きました。また、現状としては1回限りの寄付が62.9％なので、今後は継続していただくための工夫が求められています。いずれにしても、高知大好きのこどもを増やし、人口流出を食い止めたい、という地域の企業と大人たちの強い意思と期待に応えていく必要があります。

2022年6月には、インターネットを通じて高知市民ウェブアンケートを実施し、229件の回答をいただきました。こうちこどもファンドについて「まったく知らない」という市民が64％と高かったことには驚きましたが、ファンドの概要をお伝えすると、「大変良い」「良い」あわせて89％の市民が評価し、75％の市民が「手伝う」（「積極的に手伝う」「手伝う」あわせて）と回答してくれました。さらに51％の市民が「寄付をする」と回答してくれました。やはり、高知のこどもたちの活動に対しては、期待を寄せていると思います。今後の情報提供や関係構築によっては、一般市民も大きな応援の力になると感じました。

高知の若い世代の力と変化への期待

公立学校共済組合　高知支部　**田部 祥一朗**

　私はかれこれ10年近く「こうちこどもファンド」に携わっています。そんな「こうちこどもファンド」は私の人生を大きく変えてくれるきっかけとなりました。

　私と「こうちこどもファンド」との

出会いは小学生の時でした。当時は、姉がやっていて面白そうだったからといった軽い気持ちでこども審査員として参加しました。初回は難しい言葉も

明日の高知はより地域の課題に目を向け解決してこそ

よく分からず、私よりずっと大きなお兄さんやお姉さんが発表や発言しているのを見て圧倒されました。私はそんな先輩たちを見て憧れを抱くようになりました。しかし、先輩たちのようにはうまくいかず、発表に対する質問はもちろん、感想もすぐには出てきませんでした。さらに、発言するだけでも恥ずかしく、事前に言おうと思っていたこともすぐに忘れてしまうくらいでした。それでも思いついたこと、気になることは聞くようにと心がけ続けていました。すると、回数を重ねるごとに発言に対する不安意識は消え、発表に対する意見を述べられるようにまで成長していました。それを機に私は人の前に立ち、発言する機会が増え、中学生では生徒会長を務めるほどにまでなりました。その他にも、高知県内の気になるイベントや活動に目を向けるようになり、さまざまなことに挑戦する勇気が出てきました。このような「こうちこどもファンド」は、私自身のターニングポイントとなり、素敵な経験と出会いをもたらしてくれました。

10年経った現在、「こうちこどもファンド」審査会の内容は高知の現状をさらによりよい方向へと導いてくれるものになっていると感じています。防災や地域の活性化、伝統の維持など、地元の課題をこどもたちがしっかりと理解をし、改善しようとする姿勢があることに私はいまだに驚きを隠せていません。高知で育ったこどもたちが自分の手で高知をよりよくしようとする姿はとても素敵で輝いて見えます。しかし、課題もあると私は考えています。現在は、学校が地域に目を向け課題を発見する授業があります。そのおかげもあり、学校単位の団体応募は増えました。それに比べ、地域のグループが数年前から減ったように感じています。やはり、地域から一目置かれているグループの参加が目立たなくなるのは寂しい気持ちになります。ですから、これからは「こうちこどもファンド」のフェスティバルの開催とともに、「こうちこどもファンド」をより多くの人に認知してもらい、親しみやすいものになって欲しいと思います。

私が思い描く「こうちこどもファンド」は、多くの高知の若い世代の力を引き出すものにしてもらいたいです。活動したいけどきっかけがない、高知を知らずに高知を離れてしまう人などに挑戦するきっかけを与えられるようなものへとなってもらいたいです。私に、大きな変化をもたらしてくれた「こうちこどもファンド」が、これからも他の人へ素敵な変化をもたらしてくれることを期待しています。

（たべ　しょういちろう）

「積極的に他者と関わる」行動理念

こども・若者が主役
10

高知工科大学　経済マネジメント学群　**吉本 怜**

　私が「こうちこどもファンド」に携わったのは、2018年度の第7期「こども審査員」の募集に応募したことが始まりでした。「こうちこどもファンド」を知ったのは、前年度に「こども審査員」を務めていた高校の先輩から紹介され興味を持ち、活動発表会の見学

こどもたちの成長を後押しする「こうちこどもファンド」

に行ったことからです。こどもの活動をこどもが審査するという取り組みについて、「面白そうだけどそんなことは可能なのか？」という疑問を持って最初の公開審査に臨んだことを今でも覚えています。その疑問は、活動団体の発表と他のこども審査員の質疑応答を見た瞬間に「すごい」という感動に変わりました。それと同時に「自分はどうだ？」という新たな疑問が生まれ、小学生から高校生のこどもたちが自らの住む地域の問題を解決するために、何をすればいいのかを考え行動しているという事実に対し、良い意味で自分と比較しとても刺激を受けました。

この貴重な経験から自分の中で、地域や周囲と積極的に関わり自分自身を成長させたいと考えるようになり、今の自分の根幹となる「積極的に他者と関わる」という行動理念を形成するきっかけとなりました。

10年間の長い歴史の中で多数の「こども審査員」がいた中で、私が「こうちこどもファンド」のOB・OGと最も異なることは、「公益信託高知市まちづくりファンド」（以下、高知市まちづくりファンド）の運営委員として活動をしている点であると考えます。こどもが中心となって活動する「こうちこどもファンド」から、大人が中心となって活動する「高知市まちづくりファンド」で審査と運営を行っています。この機会を与えてくれたのも、「こうちこどもファンド」で活動していたことを高知市まちづくりファンドの関係者が評価してくれたおかげで、学生ではあるものの大人の活動を間近で見て学ぶ貴重な経験をさせていただいています。

また、私は将来的に「こうちこどもファンド」のこども審査員から、「高知市まちづくりファンド」の運営委員など、次の地域やまちづくりなどの活動に関われるような流れをつくり、熱意ある若者の活動を次のステップにつなげることが必要になってくると考えます。

「こうちこどもファンド」という地域に住むこどもたちの「自分たちのまちをよくしたい」という熱意や積極性、やる気をこどもたちが中心となって思いを実現するプロセス。それを大人や社会全体が陰ながら支える事業を発展させ、さらに多くのこどもたちの成長を後押しする。私もその活動の一助となれるよう努力を続けるとともに、今後の「こうちこどもファンド」のますますの発展を応援していきたいと思います。

（よしもと　れい）

こどものパワーは地域の宝！
―里山からの発信

「久重naturalチーム」大人責任者　**武林 由希子**

「地域を元気にしたい！」、「里山の魅力を地域内外に発信したい！」を目標にして、＜久重 natural チーム＞が「こうちこどもファンド事業」に 2018 年度から取り組んで 5 年目（2020 年度はコロナのため活動休止）。2023 年度は小中高生 27 名のメンバーで活動しています。

1 年目、こどもたちは久重地域で何ができるか想像がつきませんでした。「久重は何もない、ただのいなか」「どんなことができるかわからなくて不安」。…そして 1 年が終わった頃、「久重は有用植物の宝庫だとわかった！」「まだまだ宝がかくされていると思う！」「次は、こんなことをしてみたい！」と、いきいきした表情で、そんな気づきを話し始めました。

こどもファンド事業を通じて取り組んできたことは、久重をよく知る地域の方から学ぶ里山体験です。

・野草を採取して料理し、地域の方に教わりながらレシピを考案。
・季節ごとの山野草を保存して、オリジナルブレンド茶や里山ピザを作り久重のイベントで試食会。

・地域のホタル保全活動を知り、こどもたちも久重のホタルを守ろうと看板づくり。
・ホタルの川の環境を守ろうと SDGs を意識した地域のゴミ拾い活動。
・標高 300m の空気の澄んだ久重で星空観察会のご案内。

年を追うごとに、地域の魅力を発見し、地域内外に伝えることで、久重の里山を守りたいと思う気持ちが高まってきました。

2021 年度から 2 年間、月に一度開催の「久重のまちづくり計画」策定会議に、こどもたちが仲間入り。各テーブルでは大人の前で地域の魅力を次々に話し、大人とこどもが顔を合わせ会話に花が咲きました。各グループ発表は中高生が引き受け、大人はその姿を頼もしいと喜びました。「久重地域が元気になっているだろうか？」…その答えをこどもたちが実感した瞬間でした。地域の方の願いを聞くなかで難しい課題も知りました。大人とこどもが

出会うと、まちの未来が輝きます。

・災害時、地域の方と協力して避難
　生活を乗り越えたい！

　2023年度は、この取り組みへの計画を立てました。年々「こどもファンド年間計画」がパワーアップしています。

　「久重のまちづくりに関わりたい！」、「地域の人と交流したい！」と、2023年4月から、月に一度開催される久重地域連携協議会や自主防災連合会の役員会、里山まつり実行委員会などに、こどもたちが積極的に参画するようになりました。会議にこどもの視点や意見が反映され、次の世代を意識した久重の

「まちづくり計画」が地域全体で実践されています。

　「ここに帰ってきたい」、「だれもが住み続けられるまちにしたい」、「これからも地域に関わりたい」。これはこどもたちの願いです。こどもたちが自身の成長に気づき、伝えたい思いがあふれているこの姿や意識の変革は、「こうちこどもファンド」事業に取り組んだ大きな成果と言えます。そして、地域を元気にするためにやりたいことがたくさんあるこどもたちの未来を応援しようと、地域の大人は動きだすのです。

（たけばやし　ゆきこ）

「久重のまちづくりに関わりたい」「地域の人と交流したい」
「ここに帰ってきたい」

こどもが地域を変えることの素晴らしさ

高知市立横浜中学校　教諭　髙橋 歩依

　私は前任校の青柳中学校で生徒とともに「AOYAGI 地域盛り上げ隊」を立ち上げ、大人責任者として活動してきました。「こうちこどもファンド」を知ったのは、地域のふれあいセンター長からの「こどもファンドという助成を使ってなんかやってみんかね？」という言葉でした。当時、私は生徒会担当として活動の企画立案・運営に携わっており、その年の生徒会メンバーから「地域に貢献したい！」、「なんか新しいことやりたい！」と意欲的な発言がありました。そこで、「こうちこどもファンド」を活用し地域のために生徒が活躍できる機会をつくれないかと思うようになりました。

　しかし、地域に貢献したいと思っていても何から始めてよいか分からず、私も生徒たちも悩んでいました。そんなときに力を貸して下さったのが、アドバイザーの畠中洋行さんです。生徒の気持ちを上手に整理してくださり、やりたいことが明確になってきました。それが、青柳中のそばにある絶海池（たるみいけ）をきれいにするということです。後に「絶海池クリーン大作戦」と名付けられたこの活動は、今でも青柳中の地域ボランティアとして

定着していると聞き、当時の担当としてうれしく思います。

　私はこの絶海池クリーン大作戦をきっかけに地域の方と生徒たちが繋がり、学校だけでなく日々の生活の中でも関わりが増えたことが一番の成果だと感じています。生徒の「地域をきれいにしたい」という思いを、「こうちこどもファンド」を通じて具現化できたことで、生徒と地域との関わりが増えたと感じています。

　例えば、高須地区では防災マップづくりやあいさつ運動などのさまざまな活動を一緒にさせていただきました。その活動が縁となり、生徒はまちで出会った地域の人に自分から声をかけ、学校の様子などについて話すようになったそうです。また、そのことを地域の方もうれしそうに報告してくれ、地域とこどもがつながることの素晴らしさを感じました。

　また、五台山地区でも「地域の人が毎月浜口雄幸の生家を掃除しゆうき、一緒にやってみん？」と声をかけてもらい、一緒に掃除をさせていただくよ

うになりました。その活動を通じて生徒が地域の方とつながり、交流を深めることができたことはもちろん、地元の偉人について知るきっかけにもなり、自分の住むまちへの関心を高めることができたこともこの活動で得た成果です。

さらに、これらの活動を評価して頂き、第20回環境美化教育優良校表彰で文部科学大臣賞を受賞できたことは生徒たちにとって大きな自信となり、地域の方々にも非常に喜んでいただき

ました。

未来を担うこどもたちが地域の方とつながり、よりよいまちづくりのためにそれぞれの立場からできることを考えていくことの楽しさや素晴らしさ、価値を体感することができたことは、こどもだけでなく私にとってもかけがえのない経験となりました。この経験を生かして、今後もこどものまちづくりをサポートできる大人でありたいと思っています。

（たかはし　あい）

こどものまちづくりをサポートする大人になりたい

第 **VII** 章

こども・若者を次の舞台へ

畠中 洋行
土肥 潤也
高梨 沙帆
卯月 盛夫

1．育ってきたこども・若者の受け皿づくり

　すでに述べてきたように、高知では、仮想のまち「とさっ子タウン」の取り組み、そして、現実のまちや地域でまちづくり活動を行う「こうちこどもファンド」の取り組みを経験したこどもたちは、大学生・社会人＝若者へと成長してきています。こうした状況も踏まえて、現役で活動しているこどもたちも含め、育ってきたこどもや若者が、今後も高知で継続して活躍できるような受け皿を構えることが必要な時期にきているのではないでしょうか。

　2013年2月に、高知市長に高知市まちづくり活動検討委員会が提出した提言書には、「これまでこうちこどもファンドで活動してきたこどもたちは、地域や高知に対する見方が変わるなど、大きく成長してきています。今後は、『高知のために何かしたい』と思ったこどもたち及び18歳を超えた若者たちを、継続して応援できる受け皿として、次のような仕組みづくりを検討しましょう」と書かれています。

　　　＊（仮称）こども審査員OB・OG会の立ち上げ
　　　＊（地区別）こどもまちづくり協議会の設置
　　　＊「こども・わかもの審議会」の設置
　　　＊（仮称）「こども・わかものまちづくりクラブ」の立ち上げ

　（仮称）こども審査員OB・OG会の立ち上げに関しては、こども審査員OB・OG同士親睦を深めながら、活動団体のこどもたちにアドバイスを行い、公開審査会や活動発表会の運営や進行を担ってもらえるようになるといいなという思いが込められています。2023年3月に開催された活動発表会では、OB・OGによる運営や進行が行われ、一歩前進したと言えます。

　（地区別）こどもまちづくり協議会の設置に関しては、地区ごとにこどもたちがまちづくりについて協議できる会を設けるようになるといいなという思いが込められています。これに関しては、前述の「久重youth（わかもの）」部会が地域内の組織の1つの部会として誕生し、他の地域内連

携協議会においては「こども会議」が生まれており、今後、各地域でこうした動きが広がっていくことを期待したいと思います。

　「こども・わかもの審議会」の設置に関しては、これまで「こうちこどもファンド」で活動したこどもたちや、こども審査員経験者が高知のまちづくりに意見やアイデアを出してもらう審議会をつくり、こども・若者に関係しそうな市の施策や計画などについて、関係課が諮問し、それに答申するといったことが実現できるといいなという思いが込められています。

　（仮称）「こども・わかものまちづくりクラブ」の立ち上げに関しては、前述の審議会を一気に設置しても形骸化する恐れもあるのではという意見を踏まえて示された案です。まずは、こども審査員経験者・活動団体経験者・現役の活動者・それ以外の一般のこどもや若者が定期的に集まれる「場」を構え、そこで、高知のこと、やってみたいことを話し合ったり、専門家や企業家の方を講師に招いて学習会を行ったり、そこから生まれた意見やアイデアを市の関係部署・企業・地域などに反映させる仕組みを、数年かけて実績を積み上げてから審議会の設置に向かうのがいいのでは、という思いが込められています。

　こうした提言の中のいくつかについては、すでに「芽」が出てきているものもあり、それらを今後、どのように育て上げていくのか、またその他の提言内容についても、具体的にどのような進展がなされるのか、期待を込めて見守りたいと思います。

2．こどものまちづくり参加に関する考察

（1）こども基本法による「こどもの意見表明権」

　2023 年 4 月に「こども基本法」が施行され、その事務局として「こども家庭庁」が発足しました。1989 年に国連で「子どもの権利条約」が採択されてから 34 年という長い月日が経過して、ようやくこどもの権利を保護する法的枠組みが日本で整えられました。とくに、「子どもの権利条約」第 12 条に示されている「子どもの意見表明権」に関しては、こども基本法の第 11 条に「こどもの意見を反映させるために必要な措置を講じる」と書かれています。こども基本法の施行によって、こどもの声を聴き、政策に反映させることは国や地方公共団体の義務となりました。これまでのこどもの意見反映に関する日本の法律では、2017 年 4 月施行の「改正児童福祉法」の第 2 条の「児童の年齢及び発達の程度に応じて、その意見が尊重され、その最善の利益が優先して考慮され、心身ともに健やかに育成されるよう努めなければならない。」と、努力規定に留まっていたことを踏まえれば、大きな前進です。

　こどもの意見を聴いて計画などに反映させるための具体的な参加の方法としては、こどもや若者の審議会・懇談会への直接参画、パブリックコメント、SNS、Web アンケートなどのしくみや場づくりが想定されています。さらに、こどもの意見聴取にあたっては、こども目線でこどもの声を引き出すファシリテーターやサポーターの役割も示されていることも評価できます。

　また、意見反映をしなければいけない分野もこども施策に限らず、教育施策や雇用施策、医療施策など、幅広い分野が含まれることも明記しており、こども・若者関連の部署だけでなく、幅広い部署にその義務が及んでいることもポイントです。

　意見反映や意見聴取など、意見を聴く取り組みについては多く触れられている一方で、こども若者が主体となって社会づくりに参画していく視点

が弱いことは今後の課題として考えられます。こども若者が意見を言うだけでは主体性を発揮することができず、言いっぱなしで終わってしまう可能性があります。意見を言うだけにとどまらず、社会をともにつくるパートナーとして、こども若者を位置付け、参画を促していくことも重要です。

（2）ロジャー・ハートの「こどもの参画のはしご」

　環境心理学や発達心理学を専門とし、こどもの参画の重要性を提唱しているロジャー・ハートは、アーンスタインの「市民参加のはしご」をもとに、「こどもたちの参画のはしご」を8段階で示しました（**表1**）。ハートはこの「はしご」について、「プログラムにおけるこどもの参画度合いの指標として捉えるものではない」と説明し、こどもたちの能力は、成長段階によってさまざまであるという前提を共有したうえで、「こどもの能力や成長段階にあわせた参画方法が選べるように、機会を最大限に広げることが重要である」と主張しています。

表1　ロジャー・ハートの「こどもたちの参画のはしご」

8	こどもたちが自発的に始め、大人と一緒に決定する (Child-initiated, shared decisions with adults)	真の参画	参画
7	こどもたちが自発的に始め、こどもたちで主導する (Child-initiated and directed)		
6	大人が主導し、こどもたちと一緒に決定する (Adult-initiated, shared decisions with children)		
5	情報や内容が伝えられ、大人から意見や相談を求められる (Consulted and informed)		
4	情報や内容は伝えられているが、役割は与えられたもの (Assigned but informed)		
3	形だけ (Tokenism)		非参画
2	お飾り (Decoration)		
1	操り (Manipulation)		

出典：[3]Roger A. Hart. (1992)

「Roger A. Hart. (1997). CHILDREN'S PARTICIPATION: The Theory and Practice of Involving Young Citizens in Community Development and environmental Care, Earthscan Publications, London ; IPA 日本支部訳 (2000)『子どもの参画』萌文社」を参考に高梨訳

ハートは、8段階のうち4以降を参画としていて、そのなかでも6以降を「真の参画」として認めています。この区分から、ハートにとっては、決定に参加できていることや、主体的に活動していることが参画にとって大きな意義をもっていることが推測できます。

（3）ミュンヘン市の「市民参加の5つのヒエラルキー」

　ミュンヘン市の市民参加に関する資料には、**図Ⅶ-1**のような5段階の参加のヒエラルキーが示されています。①情報公開を求め、告知を受けることができる「告知権」、②意見を聞かれる「聴聞権」、③質問に対して回答を求めることができる「質疑権」、④提案、対案を出し、協議を申し出ることができる「提案権」、そして⑤最終的な決定に参加できる「決定権」の5段階に分けています。

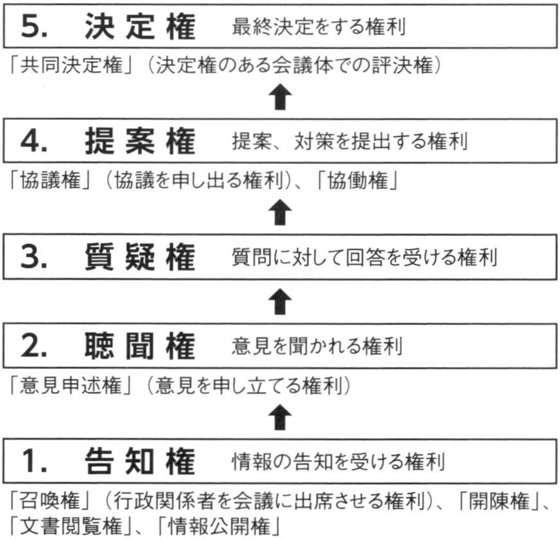

図Ⅶ-1　市民参加の制度を議論する際の各種権利のヒエラルキー

出典：[6] 卯月盛夫（1999）「『市民参加の都市デザイン』を支援する制度と手法
　　　に関する研究　―日本とドイツの比較を通して」p.194

　日本においては、「市民が参加する権利」について自治体のまちづくり条例や市民自治条例などで示されていますが、何に対してどれほどの権限があるか、また誰に付与されているのか、どのような方法があるのかなど、具体的には示されてはいません。それに対して、ミュンヘン市では、市が進めるさまざまな計画や施策に関して、この5つの権利のうち、どこまでの権利が市民にあるのかをカタログという文書で具体的に示されています。また毎年議会での議論をふまえて、市民の参加する権利と市区委員会への分権は拡大しています。したがって、市民の参加する権利行使の場として市区委員会は大変重要な役割を担い、市民参加の民主的な手続きと市民自治は両輪の形で進められています。

（4）「提案権」と「決定権」

　ロジャー・ハートの「こどもたちの参画のはしご」とミュンヘン市の市民参加のヒエラルキーを参考に、こどもまちづくりファンドの位置づけを考えてみたいと思います。

　まず、ハートのはしごの1～3は言うまでもなく参加ではありません。4～5は、こどもの主体性はありませんが学習プロセスとしては十分ありうる参加形態のひとつです。6～8は、こどもが自主的に発想、企画、主体的に実践するもので、まさにミュンヘン市の「こども・青少年フォーラム」と高知市の「こうちこどもファンド」は、これに値します。

　またミュンヘン市の市民参加のヒエラルキーで言えば、1～3は市民の主体性はあまりないが、学習プロセスとしては基礎的な参加形態といえます。それに対して、4は市民の自主性、主体性が認められた提案段階であり、5は参加を踏まえた自治に近い段階です。したがって、ミュンヘン市の「こども・青少年フォーラム」と高知市の「こうちこどもファンド」はこの4段階目と5段階目と言えます。

　つまり、ミュンヘン市の「こども・青少年フォーラム」と高知市の「こうちこどもファンド」は、どちらも、こどもが有する参加権の中でも、「意

見表明権」よりもさらに上位の「提案権」「決定権」を保証する仕組みということができます。

3. 今後の展開にむけて

（1）こどものまちづくり意見表明機会の拡大

　表1で見てきたように、「参加する権利」は意見表明権を前提にした〈学習と意見表明のステップⅠ〉と提案権と決定権を前提にした〈提案と共同決定のステップⅡ〉のふたつに大きく整理することができます。ミュンヘン市の「こども・青少年フォーラム」と高知市の「こうちこどもファンド」は、もちろんその両ステップを実現する仕組みです。

　しかし、日本とドイツ全体で比較して見て大きな違いがあるのは、その前段のステップⅠを実現する仕組みに関してです。ミュンヘン市ではこどもに関するNPO法人がたいへん多く、学校教育をはじめ、地域社会の中でもこどもが参加するプログラムがかなり充実しています。4月頃に全市のこどもたちに配布されるこどもカレンダーを見ると1年を通してなんと多くのこどもの参加型プロジェクトがあるかがわかります。しかし日本では、こども基本法が施行され「こどもの意見表明権」がようやく注目されはじめたたばかりで、まだそのプログラムが充実しているとは言えません。高知でさえも、「とさっ子タウン」「こうちこどもファンド」は特筆すべき事業ですが、こどもたちの意見表明権実現の機会はもっと多様に裾野を広げていかなければなりません。

　こども・若者の意見表明では、「広さ」と「深さ」の2点を考慮する必要があると考えています。まず、「広さ」とは、声を聴く分野の幅の広さです。こども施策を中心としながら、その周辺にある都市計画や産業、雇用施策など、こども・若者が関わる政策分野は多岐に渡ります。次に「深さ」とは、声の聴き方です。簡単なもので言えば、SNSやアンケートなど

の方法もあれば、パブリックコメントやワークショップ、ヒアリング、審議会などへの参加など、声を聴く手法はさまざまです。深く聴く方法だけでなく、広く浅く聴く方法なども組み合わせながら、多様な手法で多様な声を聴くことが求められます。

　また、上述したように、意見を表明するだけでなく、こども・若者自身が主人公になって、まちづくりや社会づくりに取り組んでいくことも重要です。自分たちがつくりたいまちの姿を考え、言葉にするとともに、そのまち自体をつくっていくことにも参画していけるような機会の保障や下支えの仕組みの構築も求められます。

　たとえば「こども議会」や「わかもの議会」もその１つの方法なので、少し紹介をしたいと思います。全国の自治体の約６割がすでに「こども議会」に取り組んでいますが、半数以上の自治体の開催回数は１回だけ、さらにこどもの自主性や主体性はあまり尊重されず、シナリオがすべて大人によって書かれ、こどもの意見表明権はほとんど無視されている事例も少なくありません。その中では、予算をつけて提案を実現することを前提にしている山形県遊佐町の「少年議会」と愛知県新城市の「若者議会」の事例、およびスイス・ベルン市の「こども議会」は参考にすべき事例です。

（2）山形県遊佐町の「少年議会」

　多くのこども議会では学校推薦で生徒会役員が議員になるケースがほとんどですが、遊佐町の少年議会は、2003 年より中学生と高校生による直接選挙で、少年町長１名と少年議員 10 名が選ばれます。そして毎年 45万円の独自予算が確保されています。予算内で実現する「政策提言」と予算内では実現できないものは「一般質問」として町に要望します。一般質問になったものは、町役場の各部署でその実現が検討されます。

　また、少年議長と少年議員はすべての有権者（中学生と高校生）が記入する「少年議会アンケート」に目を通し、政策の方向性について議論するとともに、地域行事への参加や先進都市への視察研修などを実施していま

す（**図Ⅶ-2**）。

　「政策提言」では、町民がひとつにまとまるような遊佐町のシンボルがほしいという思いで、「米〜ちゃん（べぇ〜ちゃん）」と呼ばれるまちのキャラクターを制作しています。これは実際に遊佐町にいくと、あちこちで見ることができ、まちに定着していることがわかります（**図Ⅶ-3**）。

　「一般質問」では、帰宅時間帯の電車の増便や街灯設置の要望など、中高生ならではの地域課題が多く出されていて、実際にJR東日本に対して陳情を行い、ダイヤの組み替えがされたほか、街灯設置も一部実現しています。

図Ⅶ-2　遊佐町の少年議会を紹介する新聞記事（毎日新聞、2021年7月19日）

　全国で取り組まれているこども議会や若者議会を見ても、まちをあげての直接選挙でこども・若者議員が選ばれる例はなく、選定プロセスの民主制が保たれていることが、先進的です。こども議会や若者議会は、一部の意欲的なこども・若者だけが参加していると批判を受けることがあります。これは現実の議員を選ぶ選挙でも同じことですが、選ばれた議員がどれだけそのまちのこども・若者の声を代弁できているかが重要です。選挙を行うことや、少年議会アンケートを行うことで、少年議会としての民主性を高めていることは、他の自治体も見習う必要があるでしょう。

（3）愛知県新城市の「若者議会」

　愛知県新城市では、2015 年から「若者議会」に取り組んでいます。16~29 歳までの若者を公募と無作為抽出で募集し、定員 20 名で構成しています。興味深いのは、議員を卒業した若者がメンターとして活動に関わり続けているため、極めて継続性のある活動となっている点です。また若者議会は、条例で定められた市長の諮問機関の位置付けで、市長に対して1,000 万円の予算提案権を有しています（**図Ⅶ -4、5 および図Ⅶ -6**）。

（遊佐町ホームページより）

図Ⅶ-3　シンボルの「米〜ちゃん（べぇ〜ちゃん）」と妹の「ライちゃん」

図Ⅶ-4 新城市若者議会の紹介

（新城市ホームページより）

（新城市ホームページより）

図Ⅶ-5 若者総合政策立案の仕組み

（新城市ホームページより）

図Ⅶ-6 政策実現のスケジュール

　新城市の取り組みで特筆すべき点は、条例策定の過程にも若者たちが参加していることです。そもそも若者議会の設置や条例策定についても若者から提案されており、条例については市職員がたたき台をつくりながら、若者も議論に参加をし、ともにつくりあげてきました。若者議会条例の議論の過程では、新城市の市民集会である「市民まちづくり集会」にも提案されており、若者を核としながら全市民を巻き込んだムーブメントにもなっています。

　若者議会は 1,000 万円という大きな予算提案権を持っていることから、これまでに大胆な提案を行っています。主だったもので言えば、図書館のリノベーションが挙げられます。テスト期間中に外に中高生が溢れるほどになる図書館に注目した若者議会は、図書館に自習スペースを増やす提案を行いました。ただ、「自習室がほしい！」と提案するだけでなく、先進的な他市町の図書館を視察することや、図書館職員とも何度も協議を重ね、具体的で現実的な提案に昇華させました。その結果、誰もが使いやすい図書スペースに生まれ変わっています。

　上記で紹介したロジャー・ハートの参加のはしごの最上位は、こどもがはじめ、大人と一緒に決定することです。つまり、こどもと大人の「共同決定」が最終目標であり、新城市の事例はともに議論し、決定したと言う意味で、こどもと大人のパートナーシップが築かれた点が先進的であると評価できます。

（4）スイス・ベルン市の「こども議会」

　スイスは、直接民主主義が世界の中で最も進んでいる国と言われていますが、市町村レベルではこどもの参加についても先進的な取り組みが行われています。ベルン市は、1999 年に「こどもに適した都市づくりコンセプト」を打ち出した後に「こども議会（Kinderparlament）」がはじまり、2003 年にはほぼ現在の仕組みが作られました。8 ～ 13 歳までの 156 人がこども議員となり、年に 3 回（3 月、6 月、9 月）のセッション（本会

議）が大人の市議会本会議場で、また月に1回のワーキンググループ（委員会）がこどもオフィスで開催されています（**図Ⅶ-7および図Ⅶ-8**）。人口14万人のベルン市で、これだけの人数がこども議員として活動しているのは、たぶん日本にはないのではないかと思います。

　2017年3月に私が訪問した際には、こどもオフィスにはさまざまな市の資料と会議スペースがあり、こども議会担当の職員が常駐していました。また場所はまちなかの便利な地区にあるので、こども議員は学校帰りにふらっと立ち寄り、友人とおしゃべりをしていました。2017年3月9日（木）の午後に、こども議員全員が参加するセッションが開催された際には、各ワーキンググループの報告と環境気候保護を目的に議員の議論が行われました。面白かったのは、こどもたちは大きな議場の床に模造紙を広げてグループディスカッションをして、その発表を前提に全員で議論をしていた点です（**図Ⅶ-9**）。議論の内容も、自宅でできること、地区でできること、学校でできることの3つに分けて整理をしていました。

　もう1つ興味深かったのは、こどもにやさしい大人と店舗を表彰する制度に基づき、ワーキンググループでの報告提案をみんなで議論していたことです。実はミュンヘンでも同様の表彰制度があり、文房具の陳列が低いので選びやすいとか、店員さんがやさしい言葉で話してくれるとか、こども目線の判断基準は大変勉強になります。またこども議会は、1年に3万スイスフラン（およそ460万円）が自由に使えることになっています（**図Ⅶ-10、11および図Ⅶ-12**）。

　こども基本法の制定を機会に、今後こども・若者の意見表明権を日常的に行使する機会の拡大と年齢や成長に合わせた柔軟なプログラムの充実こそが、こどもから青少年、若者から大人へのゆるやかなシティズンシップ（市民性）の形成を導き、ひいては市民社会の実現につながると信じています。

図Ⅶ-7　ベルン市こども議会のキャラクター

図Ⅶ-8　こども議会の開催案内

図Ⅶ-9　議場の床に模造紙を広げて議論するこども議員

図Ⅶ-10　休憩時間中に歓談するこども議員

図Ⅶ-11　活動報告をするこども議会議員

図Ⅶ-12　ベルン市議会議場で開催されるこども議会

図Ⅶ-7、8　および図Ⅶ-12　ベルン市ホームページより／図Ⅶ-9、10 および図Ⅶ-11　卯月撮影

参考資料

＜資料提供＞
高知市市民協働部地域コミュニティ推進課

「高知市まちづくり活動検討委員会答申書」より
URL https://www.city.kochi.kochi.jp/soshiki/21/
koutikodomofandonokonngonoarikata.html

1.「こうちこどもファンド」による こどもたちの活動一覧

　2012 年度から 2021 年度（2020 年度はコロナ禍で中止）のあいだに高知市による助成を受けてきた延べ 71 団体のこどもたちによる活動。

年度	No.	団体名	テーマ	助成金額	助成回数
2012	1	あつまれ!土佐チル	子どもの,子どもによる,みんなのためのステージ!!	200,000	1回目
	2	浦戸小学校児童連合会まちづくりお助けレンジャー	『"かがやけ・元気・前進"をするまちをつくろう』プロジェクト	180,055	1回目
	3	大津こども会連合会「クルック・ソングメイツ」	みんなで手をつなごう「こばとキャラバン」	200,000	1回目
	4	がんばれ高知工業高校応援隊	筆山における避難路案内板の設置と保全活動	9,086	1回目
	5	キッズ土佐山	防災意識を高めよう	128,295	1回目
	6	高知市立介良中学校生徒会	介良の史跡を知ってもらおうプロジェクト	182,700	1回目
	7	高知市立横浜中学校生徒会「横中ボランティアの会」	笑顔あふれるまちづくり!!「花いっぱい・クリーンアップ」大作戦!	198,170	1回目
	8	太平洋学園コミュニティー協力隊	学校と町内会の皆さんとの交流を図り,より安心して暮らせるまち"ハッピーコミュニティー"づくりを推進するボランティアプロジェクト	197,210	1回目
	9	地域記憶プロジェクト実行委員会	地域の記憶を地域で守ろうプロジェクト	198,654	1回目
	10	PAPAS	Good Bye RAKUGAKI(in our city)	147,923	1回目
2013	1	太平洋学園コミュニティー協力隊	学校と町内の皆さんとの交流を図り,より安心して楽しく暮らせるまち"ハッピーコミュニティー"づくりを推進するボランティアプロジェクト	170,880	2回目
	2	瀬戸東町1・2丁目元気キッズ	子供もお年寄りも仲良く元気なまちづくり	199,659	1回目
	3	こじゃんと!土佐チル	『お届けします!笑顔と感動を。』〜出前舞台で地域に楽しい輪を広げるプロジェクト〜	200,000	2回目

年度	No.	団体名	テーマ	助成金額	助成回数
2013	4	高知市立横浜中学校生徒会「横中ボランティアの会」	笑顔あふれるまちづくり 〜「Let'sクリーン!!・花華いっぱい!!」大作戦〜	120,000	2回目
	5	高知市立愛宕中学校生徒会	愛宕商店街活性化プロジェクト	199,354	1回目
	6	高知市立旭中学校生徒会〜防災ASAHIの会〜	防災,地域をまきこんで,みんなのものにしていこう	187,158	1回目
	7	大津子ども会連合会「クルック・ソングメイツ♪」	ミュージカルをつくって,見てもらい,みんながつながる町にしよう!!	200,000	2回目
	8	潮江中防災プロジェクトチーム	防災学習の取り組みと地域防災への啓発・貢献	200,000	1回目
2014	1	高知市立横浜中学校生徒会「横中のランティアの会」	笑顔あふれるまちづくり 〜Let'sクリーン　花華いっぱい大作戦Ⅲ〜	120,000	3回目
	2	キッズパフォーマーズ"土佐チル"	とどけます　笑顔と感動　交流で	138,205	3回目
	3	高知市立介良中学校生徒会	やるじゃん!介良〜介良の史跡を知ってもらおうプロジェクトpart2〜	181,970	2回目
	4	旭東防災レンジャー	みんなでお年寄りの命を守るんジャー!	200,000	1回目
	5	横浜小学校めざせ!クリーン地域	「自然学習林一斉清掃」「めざせ!クリーン地域」	199,382	1回目
	6	NSP(ナンカイサバイバルプロジェクト)おたすけ隊	まもれ,高知　自らの生命をまもり,我らの地域を救う　Nankai Survival Project	194,600	1回目
	7	〜Food Treasure Hunter In Namegawa!〜	行川の「食」宝物探し!!	100,083	1回目
	8	瀬戸東町1・2丁目元気キッズ	こどもからお年よりまで仲良く元気なまちづくり〜とどけよう笑顔と元気・ひろめよう仲よしの"わ"〜	193,197	2回目
	9	高知市立愛宕中学校生徒会	愛宕商店街活性化プロジェクト 〜愛　アート〜	197,938	2回目
2015	1	NSP(ナンカイ サバイバル プロジェクト)おたすけ隊	まもれ、高知　自らの生命をまもり、我らの地域を救う Nankai Survival Project	200,000	2回目
	2	一宮家おもてなし隊	一宮家はひとつの大家族やき!!	200,000	1回目
	3	瀬戸東町1・2丁目元気キッズ	こどもからお年寄りまで仲よく元気なまちづくり〜支え合い助け合えるまちづくりを目指して!!〜	199,993	3回目
	4	高知南高校QOLの会	エンディングカードで人生の質を高めよう	80,000	1回目

年度	No.	団体名	テーマ	助成金額	助成回数
2015	5	Food Treasure Hunter in Namegawa!!	行川の食を他地域に広げる!	197,425	2回目
	6	ＡＰＡ（あったかハートで安心・安全プロジェクトAsahi）守るんジャー	あったかハートで安心・安全プロジェクトAsahi	162,403	1回目
2016	1	高知市立久重小学校6年生	国際色豊かで災害に負けない久重地区を作ろう	200,000	1回目
	2	一宮家おもてなし隊	一宮家はひとつの大家族やき!!	151,294	2回目
	3	Nankai Survival Project（NSP）実行委員会	まもれ,高知　自らの生命を守り,我らの地域を救う	200,000	3回目
	4	潮江中防災プロジェクトチーム	防災学習の取組みと地域防災への啓発・貢献	154,300	2回目
	5	チーム龍馬	城西龍馬新聞「ボランティア特集」	200,000	1回目
	6	おおつっ子	地域へと笑顔をつなげおおつっ子	200,000	1回目
	7	ロサンゼルス日系四世とバスケットボールを通じて交流するチーム	高知ーLA四世バスケットボール交流	200,000	1回目
2017	1	南海ふれあい応援隊	ふれあいで地域を元気にしよう	200,000	1回目
	2	一宮家おもてなし隊	一宮家はひとつの大家族やき!!	132,815	3回目
	3	高知市立久重小学校6年生	国際色豊かで災害に負けない久重地区を作ろう	200,000	2回目
	4	旭地区防災食プロジェクト	地いきのみんなの食事を守るんジャー	150,097	1回目
	5	にじいろ発見隊	こども目線でやさしいまちをつくる	98,858	1回目
	6	太平洋学園コミュニティー協力隊	学内・地域の皆さんとより安心して暮らせるまちへ 〜被災地から学ぶ防災・被災の対策〜	176,300	3回目
2018	1	おおつっ子	満開の笑顔でつながれおおつっ子	46,772	2回目
	2	IKKU絆コミュニティ	地域交流でつくる一宮の絆	137,038	1回目
	3	旭地区防災食プロジェクト	みんなの命と食をこどもが守るんジャー!	195,616	2回目
	4	太平洋学園コミュニティー協力隊	学内・地域の皆さんとより安心して暮らせるまちへ〜避難所生活を皆で考えよう〜	200,000	1回目
	5	虹を見る子どもたちプロジェクト	虹を見る子どもたちプロジェクト 〜夢を叶えよう〜	182,149	1回目
	6	AOYAGI地域盛り上げ隊	過去の絶海池を取り戻し,地域の笑顔をよみがえらせよう!	90,289	1回目
	7	naturalチーム	豊かな里山の四季の食材を発見し,久重のごちそうを広めよう!	130,725	1回目

年度	No.	団体名	テーマ	助成金額	助成回数
2019	1	旭地区防災食プロジェクト	地域のみんなの命と食を守るんジャー	200,000	3回目
	2	土佐山宣隊6ネンジャー	Welcome to Tosayama〜おすすめスポット大作戦〜	200,000	1回目
	3	ふんわりシスターズ	商店街をパンフレットで活性化!	80,252	1回目
	4	高知とさじゅく広報部	高知のこと知っちゅう?〜高知を世界に発信〜	60,386	1回目
	5	太平洋学園コミュニティー協力隊	学内・地域の皆さんとより安心して暮らせるまちへ〜自分たちで行う防災〜	163,284	2回目
	6	Juvenile	Let's ほこほこ交流会〜地域のつながりに関心を持とう〜	41,351	1回目
	7	朝倉中学校生徒会	人に優しい笑顔あふれるまちづくり〜ASAKURA〜	58,637	1回目
	8	おおつっ子	防犯への意識が高い大津地区!	50,600	3回目
	9	Co—CREATOR	望みの望海づくり〜より住みよい団地に〜	18,720	1回目
	10	久重naturalチーム	空と大地の恵み豊かな久重の魅力を多くの人に伝えよう〜星空観測と保存食でまちを元気に!〜	187,585	2回目
	11	AOYAGI地域盛り上げ隊	高須・五台山地区の魅力を発信し、地域を盛り上げよう!	194,483	2回目
	12	Village Jamboree	ぶちまけ!発信!愛宕カラー!〜フリーペーパー『ATAGOBITO』〜	180,206	1回目
2021	1	Différentt	地域との関わり×防災	168,776	1回目
	2	おおつっ子	キラピカ大津クリーン大作戦〜今、私たちにできること〜	22,282	4回目
	3	未来をかえ隊	鏡川清掃大作戦!〜広げよう川・生き物を守るその気持ち〜	68,165	1回目
	4	久重naturalチーム	里山保全で久重を発信!〜SDGsで持続可能なまちづくり〜	136,525	3回目
	5	土佐女子おれんじflowers	高知市を女性が住みやすいまちに	48,749	1回目
	6	AOYAGI地域盛り上げ隊	高須・五台山地域の魅力を沢山の人に知ってもらいたい	46,678	3回目

2. 10年間の取り組みの成果と課題

　検討委員会では、これまでの成果を検証するために、こども審査員および保護者、活動したこどもおよびその家族、大人サポーター、寄付者、一般市民の方へ、令和4年5月〜6月の期間アンケート調査を実施し、計439名の方よりご回答いただきました。その中から、次のような成果や課題が見えてきました。

成果

「こども」が育っている
　平成24年〜令和3年度までの10年間で活動したこどもの人数は、述べ1,868名（重複者を含む）に上ります。こうちこどもファンドの大きな成果の1つとして、助成を受け、活動をしたこどもたちとこども審査員を経験したこどもたちが育っていることが挙げられます。

●活動したこどもたち

＊「まちのために役に立ちたい」「高知に住んでいたい」「ニュースに関心を持つようになった」など、自分の住む地域への愛着心が形成されているとともに、自分の住む地域や関心や社会への問題意識が高くなっていることが分かりました。

＊「大人の知り合いが増えた」、「大人と話すのは楽しいと思えるようになった」など、コミュニケーション能力が身についているとともに、大人に対する気持ちの変化が見られました。

●こども審査員

＊「自発的に行動ができるようになった」、「問題意識を持って行動・発言できるようになった」という自発性・積極性が養われていることが分かりました。

＊「大人たち（家族を含む）との会話が増えた」、「友達が増えた」、「友達と協力して何かをやり遂げるのが楽しそう」など、同年代や世代を超

えた人とのコミュニケーション能力や協調性が身についていることが分かりました。

「こどものチカラ」が「地域のチカラ」に

大人サポーターとして直接関わった大人の延べ人数は、321名（重複者を含む）に上ります。それ以外にもこどもたちが働きかけをして活動に参加してくださったり、間接的に応援してくれた地域の諸団体の大人もたくさんいます。こうちこどもファンドで助成を受けた団体が、活動を通じた社会貢献はもちろんですが、こうちこどもファンドの周りの大人や地域（住民）の「意識」に大きな変化を与えたことも大きな成果であったと言えます。

＊「地域の催しに参加して欲しいという声かけが増えてきた」、「こどもと一緒に考える機運が高まった」、「これまで知らなかった方と知り合いになれた」など、こどもの活動に関わることで、大人も地域とのつながり・関係性の変化がありました。

市担当者の意識の変化

歴代担当者ヒアリングより、以下のような声が寄せられました。

＊こどもたちの活動の様子や、寄付してもらっている企業の取り組みなどの情報にアンテナを張るようになりました。

＊まちづくり活動を行うことに世代は関係なく、多種多様な人の考えや関わりが必須であるということを再認識させられました。

＊こどもたちの活動に取り組む姿や経験を重ね成長する姿を間近で見ることで、自らの業務に取り組むモチベーションアップにつながりました。

＊市民目線・こども目線での事業企画や運営に役立っています。

＊創設した当初、こどもたちを提案・審査の主役としたことに対する不安がありましたが、1回目の審査会を経て以降、全くの杞憂であったと思うようになりました。

他県市町村等からの注目の高まり

こうちこどもファンドは、高知市が取り組む事業の中で、他都市からの

視察件数が最も多い事業です。平成24年〜令和3年度までの視察件数は52件に上ります。令和5年4月1日から「こども基本法」が施行されることからも、今後はますます参考にしたいという声が多くなることが想定されます。

＊ ファンド開始年度から、他都市からの視察が年間約10件程度訪れており、注目の高まりを見せています。

＊ 令和元年度から、宮城県名取市で「なとりこどもファンド」が開始。令和4年度から、神奈川県茅ヶ崎市で特定非営利活動法人ＮＰＯサポートちがさきが主催で「ちがさき・さむかわこどもファンド」がはじまるなど、他都市への影響や広がりが見られています。

課題

認知度の低さへの対応

＊ 一般市民を対象とした市民ウェブモニターのアンケート結果でこうちこどもファンドを「知らない」との回答が約9割との結果でした。より多くの人にこどもファンドを知ってもらい、活用してもらうため、認知度を高める必要があります。

アドバイザーの体制拡充

＊ 活動内容を考える段階や活動中のこどもたちの悩み相談に乗るなど、こどもたちをサポートする「こうちこどもファンドアドバイザー」を活用したことによる効果を感じる声がアンケートでは示されていました。現在のアドバイザーは1名体制ですが、より充実した活動につなげていくため、複数のアドバイザー体制について検討する必要があります。

＊ アドバイザー派遣のほとんどは申請書の書き方や活動内容についての相談で申請の締切り直前の急なアドバイザー派遣要請に応じるには、日程調整の問題も生じます。

公開審査会・活動発表会の運営の工夫

＊ 現行の公開審査会・活動発表会は、こども審査員以外は大人主体で運

営していますが、こどもたちが運営全体に幅広く参加でき、やわらかい雰囲気で進行できるよう検討する必要があります。

活動団体との交流の機会づくり

＊現在、こども審査員・大人審査員（今後、こども審査員サポーターに改称予定）の交流は公開審査会と活動発表会のみで、より多くの交流を求める声が上がっています。審査員が活動内容や活動団体のことをより深く知るために、交流できる機会づくりを行っていく必要があります。また、活動しているこどもたちにとって、自分が活動している地域のことは認識していても、高知市全体の魅力や課題として結びつけて捉えられていない現状があります。

応募団体・こども審査員の掘り起こし

●応募団体

＊現在は市内の全小・中・高等学校に募集をかけていますが、より幅広く多くの学校や地域のこどもたちの「こんなまちだったらいいな」という思いに応えられるよう、新たなニーズを発掘する必要があります。

●こども審査員

＊こども審査員についても、より幅広い学校や地域のこどもたちに応募していただけるよう、「何かにチャレンジしたいな」と思っているこどもたちの目に届くような魅力や発信方法の工夫をしていく必要があります。

寄付金の継続的確保

＊平成24年からこれまで10年間で計1,337万円の寄付がありましたが、年度によって寄付額の偏りがあり、今後もこどもたちの活動を応援していくためには、安定した寄付をいただけるよう、工夫していく必要があります。

＊（市民ウェブモニターより）こどもたちの活動を寄付という形で応援したいという声が多くあったことから、寄付者の思いに呼びかけられるような周知方法などを工夫していく必要があります。

3. 今後に向けた「7つの提言」

　こうちこどもファンドが10年を迎えるにあたり、当初の目的を十分に果たしてきたかを検証してきましたが、こどもたちやそれに関わる大人のまちづくりへの意識の変化、地域社会や学校に与えた影響は大きなものであったと言えます。

　これまでの検討結果をふまえ、これからもこうちこどもファンドが発展していくために、次の7つの提言を掲げました。

提言① もっともっと応募を

◆こどもの感性に響く、伝わりやすい広報物の作成・発信

- ・応募募集チラシやパンフレット等を作成する際、こどもが見て応募したくなるような表現やレイアウトの工夫を検討しましょう。こうちこどもファンドの活動経験者からアイデアをもらいながら、より伝わりやすい広報物を作成・発信していきましょう。

◆学校・地域等へのこうちこどもファンド出前講座の実施

- ・学校や地域等への出前講座をすることで新たな応募団体の確保につながる働きかけや地域別・学校別のニーズの掘り起こしを行いましょう。そのために、歴代のこうちこどもファンド担当職員による庁内各課への調整役など、行政の最初の窓口となり、経験者だからこそできるサポート体制をつくりましょう。

◆応募しやすさのUP

- ・応募手続きマニュアルの作成など、応募者（大人サポーター）の事務負担を減らし、応募しやすくなるような方法を検討しましょう。

提言② 誰でもわかる「こうちこどもファンド」に

◆広報活動の充実・工夫

- ・新聞掲載（広告）やテレビスポットCM等での発信、SNS、市の広報ツー

ルの活用、活動の様子をまとめた DVD の作成、こうちこどもファンド独自の HP の開設、「ピッピネット」（高知県ボランティア NPO センター開設）での発信、YouTube への配信など、さまざまな媒体を駆使した広報活動の拡充を図りましょう。

・オーテピア・商業施設、イベント会場などでの宣伝活動を実施しましょう。

・こうちこどもファンドで活動している人や、活動経験者など、こどもたち自らによる広報活動についてもしくみを検討していきましょう（175 頁記載の「こども・わかものまちづくりクラブ」での取り組みとしても検討しましょう）。

◆こうちこどもファンド 10 年の取組をまとめた図書出版、映像化

●高知のこどもたちのまちづくりの教材・マニュアルとして

・小学生が見ても分かりやすい内容にすることで、「こうちこどもファンド」に応募したいと思ってもらえるようなものにしましょう。

・小・中・高校生が勉強にも使えるようなものにすることで、まちづくりのノウハウが分かり、学校の総合的な学習の時間などに活用してもらえることも期待できます。

●「こうちこどもファンド」の取組を全国各地で知ってもらうものとして

・こうちこどもファンドの魅力が対外的にも伝わるような内容で作成することで、全国各地でこどもファンドの取り組みを広く知ってもらいましょう。

◆こうちこどもファンドの PR 用ののぼり旗など、広報用グッズの作成・貸し出し

・こうちこどもファンドを PR できるような各種グッズを作成し、活動団体に使用してもらうことで、団体自身の活動に併せて、こうちこどもファンドの広報を図りましょう。

提言③幅広く対応できるアドバイザーチームを

◆さまざまなニーズに対応可能な「アドバイザーチーム」をつくる

・応募についての相談や活動中に出てきた悩みなど、こどもたちの活動内容に即したきめ細やかなアドバイス体制を構築することで、より地域や企業、事業者を巻き込んだ活動になることが期待できます。（例、活動に協力してくれる企業とのマッチングアドバイザーチーム）

提言④こどもたちの応援団のパワーアップを

◆こうちこどもファンド経験者 OB・OG が継続してファンドに関わってもらえるしくみづくり

・活動団体や審査員としてこうちこどもファンドに関わった OB や OG が、活動団体に助言・支援できたり、公開審査会・活動発表会にスタッフとして参加してもらえるようなしくみづくりを検討しましょう。

◆こども主体による審査会・活動発表会の運営

・会の進行・発表・審査など、こどもたちが主体となって運営する仕組みづくりを検討しましょう。

・こどもたちが主体となって運営することで会場に一体感が生まれることや、発表するこどもたちにとっても発表しやすく、こども審査員にとっても質問しやすいアットホームな雰囲気づくりができます。

・さらに、こうちこどもファンド経験者にも運営に関わってもらうことで、活動後もこうちこどもファンドに関われるしくみができるとともに、経験者（先輩）が現役のこどもたち（後輩）を応援する体制ができ、そこで新たなネットワークが生まれることが期待できます。

提言⑤「チーム・こうちこどもファンド」としての動きへ

　年度ごとの活動団体やこども審査員の交流の機会を設けることで、地域や学校間を超えたつながりが生まれ、ひいては高知市全体でつながりが深まることが期待されます。こうちこどもファンドへ関わる人みんなで力を合わせ、「チーム・こうちこどもファンド」として、こどもファンドを盛り上げていきましょう。

◆**こども審査員が活動団体の活動を見学・参加できるしくみ**

- こども審査員も同年代とともに学び、考えることで、まちづくりや社会についての知識や経験を身に着けることができます。
- 次年度も継続する審査員に関しては、現場を見たうえで審査するポイントが知れるなど、視野を広げることができます。
- 活動団体に対して、活動後（活動発表会）だけでなく、活動中にアドバイスや応援できる環境ができます。（必要に応じて交通の便の確保費等の予算措置も）

◆**こども審査員と大人審査員（こども審査員サポーターに改称予定）の交流**

〈大人審査員（こども審査員サポーターに改称予定）の役割〉

こども審査員や活動団体を全体的にサポートし、こどもたちが困った時に助言をしたり、視野を広げられるアドバイスをする役割を持ちます。

- 事前審査会・事前研修会の際に、こども審査員と大人審査員が仲良く話し合えるようなきっかけを作り、こども審査員が大人審査員に気軽に相談できるような関係づくりを目指しましょう。
- 大人審査員とこども審査員が一緒に活動団体の活動を見学に行き、その後に活動の改善点や、審査するうえでどの部分が大事だったかを話し合う機会を設けることも検討しましょう。

◆**活動団体間の交流**

- 活動中に出てきた悩みや活動の経過を情報共有・意見交換することで、助け合い、学びあいながら活動を行うことができます。その中で、学校や学年を超えた交流が生まれます。年度ごとに活動団体やこども審査員等が楽しく交流できる機会（例えば、「こうちこどもファンドフェス」の開催など）を設けましょう。

提言⑥ 寄付者とのより広く、より深い関係づくりを

◆**寄付希望者への周知方法の工夫**

- 「こどもたちの活動を応援したい」と思っているより多くの人々にこうちこどもファンドを知ってもらうための広報や幅広い寄付の方法を検討しましょう。（クラウドファンディング等）
- 市のふるさと納税に常設で「こども」のカテゴリーを追加するなど、こどもファンドの寄付を募りやすいしくみづくりを検討しましょう。

◆ 寄付者との関係性を深める工夫
- 寄付をいただいた方には、活動団体からの直筆のお手紙や動画、事業報告書のほか、活動の中で作成したパンフレットなどの「成果物」をお送りするなど、関係性を深めるための工夫しましょう。

◆ 寄付金の使い道の拡大
- 直接的な活動助成金以外に、市の予算措置では速やかに対応しづらいこどもたちの幅広い活動を支援するための資金として有効に使えるよう検討しましょう。
- （例）「こうちこどもファンドフェス」にかかわる費用・こうちこどもファンド関連グッズの作成、新聞掲載のための広告費、CM 制作費・広報業務の委託

提言⑦ 「こども・わかもの」を次の舞台へ

　これまでこうちこどもファンドで活動してきたこどもたちは、地域や高知に対する見方が変わるなど、大きく成長してきています。
今後は、「高知のために何かしたい」と思ったこどもたち及び 18 歳を超えたわかものたちを、継続して応援できる受け皿として、次のようなしくみづくりを検討しましょう。

◆ （仮称）こども審査員 OB・OG 会の立ち上げ
- こども審査員 OB・OG 同士や大人審査員・市職員などとの親睦を図る会の立ち上げを検討しましょう。

◆ （地区別）こどもまちづくり協議会の設置
- 地区別でこどもたちがまちづくりについて協議できる会を設ける検討

を行いましょう。

※ 高知市が地域コミュニティの再構築事業のひとつとして設立をすすめている「地域内連携協議会」を構成する組織の1つになることをイメージしています。

◆こども・わかもの審議会の設置

・これまでこうちこどもファンドで活動したこどもたちや、こども審査員経験者が次のステップ として高知のまちづくりに意見やアイデアを出してもらう審議会をつくりましょう。

　高知のこどもとわかものに関係しそうな高知市の施策や計画などについて、関係課が諮問し、それに答申をします。（諮問がなくても、市長や議会に上申、提案できる機関にすることが望ましいで す。）

※ 原則公募・任期は2年、年に4回程度開催します。（必要に応じて条例が必要になります。）

◆（仮称）こども・わかもののまちづくりクラブの立ち上げ

・「こども・わかもの審議会」設置に至るまでの過程において、お試し的に（仮称）「こども・わかもののまちづくりクラブ」の立ち上げを検討しましょう。

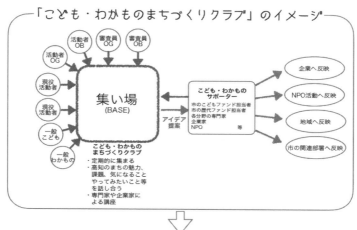

あとがきにかえて

「こどものチカラを信じよう！」
と動き始めて 15 年

畠中洋行

　ドイツの「ミニ・ミュンヘン」の様子を卯月さんから紹介され、「こんなことが高知でできたらいいなぁ」と思ったのが 2005 年。そして 2007 年から動き始め、2009 年に第 1 回「とさっ子タウン」を開催しました。主催は、NPO 高知市民会議（筆者は 2006 年 7 月から同市民会議の事務局長に就任）が呼びかけて設立した実行委員会です。2011 年には、「こうちこどもファンド」のしくみを検討するメンバーの一員に加えていただき（第Ⅳ章 1 で述べた「公益信託高知市まちづくりファンド」の 10 年の成果と課題を検証する検討委員会のメンバーでもあった）、同年ミュンヘン市で開催された「こども・青少年フォーラム」に卯月さんをはじめとする有志のメンバーで視察に行き、2012 年に動き出した「こうちこどもファンド」。そして、2012 年から今日まで「こどもファンドアドバイザー」という立場で、たくさんのこどもたちや大人サポーターの方々と出会い、話し合い一緒に考え方の整理を行ったり、各団体の活動現場を見学に行ったりして、サポートをしてきました。

　筆者のこれまでの取り組みの原点は、2006 年に NPO 高知市民会議の事務局長に就任する以前の経験にあります。大学時代に建築学科でまちづくり（当時はまちづくりという言葉は使われてなく、都市計画・地域計画と呼んでいました）を学び、大学院時代に高知県内のある地域に 3 年間住み込んで、地域の人たちと話し合いを重ねながら（ワークショップという言葉もない時代でした）、その地域の住環境整備計画をつくり事業化するまで見届けることがきっかけになり、その当時の仲間 5 人でまちづく

りの会社を起業して参加型のまちづくりを進めていました。その過程で、こどもの視点でまちを見つめ直すことによって、地域の大人の人たちが改めて気づくことがたくさんあり、それをふまえた計画づくりを展開することのたいせつさを感じました。そして、「こどもが動けば大人が動く、地域が動く」ということも実感しました。「まちづくりとは、こどもから高齢者まで、障がいのある無しに関わらず、外国人も含めて、さまざまな人と人のつながりをつくりだす営み」だと思っています。そして、その切り口（アプローチ）もまた多様（例えば福祉、防災、食、クリーンアップ、アート、スポーツなど）です。

　2023 年 4 月から施行された「こども基本法」により、今後、全国各地の自治体においてこどもたちが意見を表明する「場」「しくみ」づくりが模索されることと思います。たいせつにしてほしいのは、こどもの参画が「形」だけに終わらないようにすることです。こどもたちが主体的に考え、行動し、こどもが自ら育つとともに、周りの大人が触発されて一緒に動き出すようなものであってほしいと思います。これまで 15 年間「こどものチカラを信じよう！」と動いてきました。こども・若者のチカラを信じること、そして、こども・若者に任せる覚悟を示すことが、大人に求められています。

私はつい「高知はミュンヘンを超えた!」
と叫んだ

卯月盛夫

　この本の企画は、2022年高知市の提案により「こうちこどもファンド」の10年の成果を振り返るための「高知市まちづくり活動検討員会」が発足し、10年間に活動をしたこどもたちや大人サポーター、寄付をしてくださった企業などの方々に大規模なアンケートやインタビューをする中で生まれました。

　もちろん、「こうちこどもファンド」設定前にも「ファンドはこどもたちを成長させ、地域を変えるだろう!」と考えてはいましたが、それには結構長い時間がかかるだろうと勝手に思い込んでいました。しかし、それは良い意味で覆されました。具体的に調査をしてみると、こどもと身近に接していた大人サポーターや両親は、活動を通じてこどもが急激に成長したと語ってくれました。また、ミュンヘンにはない仕組みである「こども審査員」に関しては、なんと8年間も継続してくれるこどもが数名いたり、活動と審査の両方を体験するこどもも登場して、こども自身の中でも活動継続のモチベーションが育ってきており、当初私たちが想像した以上に、こどもたちがこの10年で大きく成長してきたことを確認しました。

　さらに、10年間における企業と市民の寄付金の総額がこども達への活動助成額を上回るという、今の日本では全く信じられないようなこどもファーストの高知の風土も確認できました。これを知った時、私はつい「高知はミュンヘンを超えた!」と叫んでしまいました。高知市の地中にもともとあったマグマのような自治のエネルギーが、このこうちこどもファンドを契機に大きな地殻変動を起こして、地上に見えはじめたように感じま

した。

　もちろん「高知市まちづくり活動検討委員会」としては市長宛に「こうちこどもファンド、これまでの 10 年とコレカラ」という答申書を提出しましたが、やはりこの素晴らしい高知の成果を一般書籍化し、全国のこどもやまちづくりに関心のある大人たちにぜひ情報共有をしたいと考えました。そこで、できるだけ写真も多く読みやすいように編集をしました。
さらに、この本の編集をしていた 2023 年 9 月には、本の中で詳しく紹介をしている「久重 natural チーム」が、先進的な教育活動を表彰する「博報賞」を受賞するといううれしいニュースが飛び込んできました。この受賞は、「こうちこどもファンド」の活動が高知に留まらず、全国区でも通用する社会的な活動であるとの評価を得たことを意味します。また、こどもには本人の成長と共に周辺の大人を変化させ、地域の発展を牽引する不思議なチカラがあることを多くの方々が改めて共有することになると思います。

　私がこどものまちづくりに関心を持ったのは、こどもたちと公園づくりのワークショップをしていた 1990 年代からで、その後ミニ・ミュンヘンの DVD を制作した 2004 年頃には、「こどものまちづくり」は自分の中ですでに重要な研究テーマになり、今回この「こうちこどもファンド」の展開でますます大きな意味を持つことになりました。私の意識が変わったのはこれまで接してきた日独のこどもたちのおかげで、こどもたちには心から感謝をしています。こどもたちは自分では気づかないかもしれませんが、

計り知れない未知の能力を持っています。ミヒャエル・エンデではありませんが、私はこれからもこどもたちといっしょに自由にネバーエンディングストーリーを描いていきたいと思います。

　最後になりますが、こどもたちの魅力的な写真がなければ、この本は実現できませんでした。ミュンヘンの写真を数多く提供してくださったヤーナ・フレードリッヒさんおよびミュンヘン市、高知市地域コミュニティ推進課のみなさんおよび NPO 高知市民会議事務局、各事例の該当する文書および写真データのチェックをしていただいた山本和範さんをはじめとするみなさん、また、こうちこどもファンドに深く関わった 12 名のみなさんには「こども・若者が主役」のコラム原稿に貴重な文章を寄せていただきました。さらに、子どもの権利条約ネットワーク代表の喜多明人先生と高知在住の映画監督安藤桃子さんからは素敵な推薦文をいただき、本当にありがとうございました。

　編集にあたっては、萌文社の永島憲一郎さんと北方美穂さんにさまざまな場面で叱咤激励と適切なアドバイスをいただき、ようやく本書が実現しました。

　みなさんに、この場をかりて改めて心より感謝を申し上げます。

　この本が 1 人でも多くの方々に読まれることを期待いたします。

2023 年 10 月

編著者プロフィール

卯月盛夫
（うづき　もりお）

早稲田大学教授。1953 年東京
生まれ、建築家、都市デザイ
ナー、博士（工学）

ドイツ留学中に市役所に勤務した経験から、
帰国後は世田谷区都市デザイン室に１０年
間勤務。その後、世田谷まちづくりセンター
の発足とともに所長となり、住民主体のま
ちづくり支援に従事。1995 年に大学に移籍
後、ドイツミュンヘン市のミニ・ミュンヘ
ンや子ども・青少年フォーラムをあらため
て研究する中で、「こどものまちづくり活動
は大人を変え、社会を変える！」と信じ、
近年は高知市をはじめ名取市、茅ヶ崎市な
どで「こどもまちづくりファンド」の普及
と運営支援に努めている。

畑中洋行
（はたけなか　ようこう）

1951 年高知生まれ。大学院
在学中、地域に４年間住み込
み、地域の人たちと一緒に計
画を作ることを経験したことがきっかけで、
1979 年に大学時代の仲間と住民参加のまち
づくりに取り組む会社を起業。

2006 年から認定 NPO 法人 NPO 高知市民
会議の事務局長を務める（2013 年に退職）。
現在はフリーの立場で、多様な人たちの得
意技を足し算することで、魅力的な地域活
動が育つことを応援する取り組みを行って
いる。

2007 年に「とさっ子タウン」の仕組みを立
案しそれ以降運営に携わり、2011 年に「こ
うちこどもファンド」の立ち上げに携わり、
現在まで同ファンドのアドバイザーとして
関わっている。

執筆協力プロフィール

高梨沙帆
（たかなし　さほ）

株式会社地域まちづくり研究所
1996 年、千葉県いすみ市生まれ。
早稲田大学大学院社会科学研究
科 卯月研究室在籍時にミュンヘン市の「こ
ども・青少年フォーラム」について研究を
行う。現在はまちづくりコンサルタントに
従事し、主に地方都市において、地域の文
脈と市民・団体等のユニークな発想が調和
した、地域らしさのあるまちづくりを目指
している。

土肥潤也
（どひ　じゅんや）

NPO 法人わかもののまち
代表理事。1995 年、静
岡県焼津市生まれ。早稲
田大学社会科学研究科修士課程修了、修士
（社会科学）。

こども家庭庁こども家庭審議会委員、こど
も・若者参画および意見反映専門委員会委
員長。

【こども・若者が主役】執筆者一覧

森本　向日葵
（もりもと　ひまり）

こども審査員（OB・OG）
土佐リハビリテーションカレッジ
作業療法学科2年

片岡　誉文
（かたおか　たかふみ）

寄付者
株式会社片岡電気工事
代表取締役

増田　光祥
（ますだ　みつよし）

こども審査員
高知高等学校2年

大原　弘靖
（おおはら　ひろやす）

こども審査員（OB・OG）
京都産業大学3年生

宮本　高憲
（みやもと　たかのり）

寄付者
株式会社高南メディカル
代表取締役社長

家古谷　優
（けごや　まさる）

こども審査員（OB・OG）
株式会社そーむ
代表取締役

青木　晴楓
（あおき　はるか）

こども審査員
土佐塾高等学校3年

田部　未空
（たべ　みそら）

こども審査員（OB・OG）
高知大学　地域協働学部
4回生

田部　祥一朗
（たべ　しょういちろう）

こども審査員（OB・OG）
公立学校共済組合 高知支部

吉本　怜
（よしもと　れい）

こども審査員（OB・OG）
高知工科大学　経済・マネジメント
学群4年生

武林　由希子
（たけばやし　ゆきこ）

大人サポーター
活動団体：久重 natural チーム
大人責任者

髙橋　歩依
（たかはし　あい）

大人サポーター
活動団体：AOYAGI 地域盛り上げ隊
大人責任者
高知市立横浜中学校　教諭

こどもまちづくりファンド—ミュンヘンから高知へ

2023年11月21日　　　第1刷発行
編著者　　卯月　盛夫・畠中　洋行
執筆協力　高梨　沙帆・土肥　潤也
編集協力　高知市
発行者　　谷　安正

発行所　　萌文社
　　　　　〒102-0071　東京都千代田区富士見1-2-32　東京ルーテルセンタービル202号
　　　　　TEL. 03-3221-9008　FAX. 03-3221-1038
　　　　　Email：info@hobunsya.com　URL：https://www.hobunsya.com/
　　　　　郵便振替　00910-9-90471
編　集　　北方　美穂

装丁・組版　椚澤清次郎（アド・ハウス）
印刷・製本　モリモト印刷株式会社

両角達平［著］

若者からはじまる民主主義

――スウェーデンの若者政策

● A5判・並製／二〇〇頁／本体二〇〇〇円＋税

若者からはじまる民主主義
スウェーデンの若者政策
両角達平

ISBN978-4-89491-393-6

若者の声が政治や社会に反映されにくい現在、スウェーデンでは「民主主義国家」を築き上げようと若者たちがさまざまな場面で活躍している。本書は、視察やインタビューなど現場に入り込んでの研究成果をまとめた渾身の一冊。

柳田宏治、林卓志、矢藤洋子［著］

すべての子どもに遊びを

――ユニバーサルデザインによる公園の遊び場づくりガイド

● B5判・並製・オールカラー／一二八頁／本体二五〇〇円＋税

すべての子どもに遊びを
ユニバーサルデザインによる公園の遊び場づくりガイド

ISBN978-4-89491-335-6

ユニバーサルデザインの専門家や特別支援学校の教員たちが利用者のニーズに基づき10年にわたる活動の成果をまとめたもの。障害のある子もない子もあらゆる子どもが夢中になって遊べるインクルーシブな公園づくりのヒントが満載。

北原啓司［著］

「空間」を「場所」に変えるまち育て

――まちの創造的編集とは

● A5判・並製・口絵カラー／一七〇頁／本体二〇〇〇円＋税

「空間」を「場所」に変えるまち育て
――まちの創造的編集とは
北原啓司著

子どもたちに教えられたまち育ての核心
「だってここ、私たちの場所だもん」
第5回辻地球環境賞受賞

ISBN978-4-89491-353-0

都市計画や住宅政策の専門家である著者が、学生や地域住民との「まち育て」の実践を通して何が大切かを探る。まちを大きくするのではなく、一度形づくられた都市を改めて創造的に見直し「編集」していく重要性を提示する。

三輪律江、尾木まり［編著］

まち保育のススメ

――おさんぽ・多世代交流・地域交流・防災・まちづくり

米田佐知子、谷口新、藤岡泰寛、田中稲子、稲垣景子、棒田明子、吉永真理

● A4判変型・並製／一二〇頁／本体二〇〇〇円＋税

まち保育のススメ

ISBN978-4-89491-332-5

都市計画や保育の専門家たちによって「子ども」と「まち」との関係性をテーマにした調査研究と、「保育施設」によるさまざまな地域資源の活用成果の実態調査に基づいて、新しく「まち保育」という言葉を概念化してまとめた意欲作。